POLYGLOTT on tour

Dänemark

Der Autor
Axel Pinck

Unser E-Book-Code zur elektronischen Erweiterung des POLYGLOTT on tour. Das kostenlose E-Book enthält die im Reiseführer aufgeführten Adressen entlang der Touren, beispielsweise zu Essen und Trinken, Shoppen, Aktivitäten und Hotel-Tipps. Links auf einen externen Kartendienst vereinfachen das Auffinden dieser Adressen.

**Mit großer Faltkarte
& 80 Stickern
für die individuelle Planung**

www.polyglott.de

SPECIALS

27 Kinder
115 Wikinger
135 Kunsthandwerk

ERSTKLASSIG!

30 Strandschönheiten
32 Stilvoll übernachten
46 Typisch genießen
72 Die schönsten Kunst-
   museen
96 Gratis entdecken
137 Die spannendsten Märkte

ALLGEMEINE KARTEN

4 Übersichtskarte der Kapitel
36 Die Lage Dänemarks

REGIONEN-KARTEN

70 Seeland, Lolland, Møn
   und Falster
87 Fünen
102 Westjütland
106 Ostjütland
146 Bornholm

STADTPLÄNE

54 Kopenhagen Zentrum
64 Kopenhagen Westen
90 Odense
131 Aarhus
139 Aalborg

6 Typisch

8 Dänemark ist eine Reise
  wert!
11 Reisebarometer
12 50 Dinge, die Sie …
19 Was steckt dahinter?
159 Meine Entdeckungen
160 Checkliste Dänemark

20 Reiseplanung & Adressen

22 Die Reiseregion
   im Überblick
24 Klima & Reisezeit
25 Anreise
26 Reisen im Land
29 Sport & Aktivitäten
31 Unterkunft
152 Infos von A–Z
155 Register & Impressum

34 Land & Leute

36 Steckbrief
38 Geschichte im Überblick
40 Die Menschen
41 Kunst & Kultur
44 Feste & Veranstaltungen
46 Essen & Trinken
158 Mini-Dolmetscher

SYMBOLE ALLGEMEIN

 Besondere Tipps der Autoren

 Specials zu besonderen
Aktivitäten und Erlebnissen

 Spannende Anekdoten
zum Reiseziel

Top-Highlights und
Highlights der Destination

48 Top-Touren & Sehenswertes

50 Kopenhagen
52 **Tour ❶** Vom Hauptbahnhof nach Christianshavn
57 **Tour ❷** Zur kleinen Meerjungfrau
61 **Tour ❸** Vom Rathausplatz zur Østre Anlæg
63 **Tour ❹** Durch die westlichen Viertel

67 Seeland und Lolland
69 **Tour ❺** In den Norden Seelands
69 **Tour ❻** Lolland, Falster und Møn
71 Unterwegs auf Seeland
82 Unterwegs auf Møn und Falster
84 Unterwegs auf Lolland

85 Fünen
86 **Tour ❼** Südfünen für Schlösserfans
88 Unterwegs auf Fünen

99 Jütland
101 **Tour ❽** Inseln und Fjorde
103 **Tour ❾** Beachhopping im Norden
104 **Tour ❿** Durch Mitteljütland
105 **Tour ⓫** Zu den besten Kunstmuseen
108 Unterwegs in Westjütland
122 Unterwegs in Ostjütland

143 Bornholm
145 **Tour ⓬** Rund um Bornholm
146 Unterwegs auf Bornholm

148 Extra-Touren
149 **Tour ⓭** Zwei Wochen durch Jütland
150 **Tour ⓮** Kopenhagen und Seeland in einer Woche
151 **Tour ⓯** Quer durch Dänemark auf den Spuren
von H. C. Andersen

	TOUR-SYMBOLE		PREIS-SYMBOLE	
❶	Die POLYGLOTT-Touren		Hotel DZ	Restaurant
⑥	Stationen einer Tour	€	bis 500 DKK	bis 130 DKK
①	Hinweis auf 50 Dinge	€€	500 bis 1000 DKK	130 bis 270 DKK
[A1]	Die Koordinate verweist auf	€€€	über 1000 DKK	über 270 DKK
	die Platzierung in der Faltkarte			
[a1]	Platzierung Rückseite Faltkarte			

Zeichenerklärung der Karten

beschriebene Region
(Seite=Kapitelanfang)

10 **E** **h** Sehenswürdigkeiten

4 Tourenvorschlag

Autobahn
Schnellstraße
Hauptstraße
sonstige Straßen
Fußgängerzone
Eisenbahn
Staatsgrenze
Landesgrenze
Nationalparkgrenze

0   50 km

N O R D S E E

Skagerrak

Kattegat

Egersund, Bergen
Lorvik, Oslo   Oslo   **Göteborg**

Skagen
9   **6**

Hirtshals

Hjørring
Frederikshavn

11   Læsø

Fjerritslev

Hanstholm
Aalborg

Thisted   Hals

Mors   Anholt

Thyborøn   Hobro

10

Viborg   **Randers**

Holstebro   Grenaa

Søndervig   Ringkøbing   Herning   Silkeborg   **9**
8 **10**   **Aarhus**

Seeland und Lolland
S. 67

Frederiksvær

Nymindegab   Jelling   Samsø   Nykøbing S.

Grindsted   **7**   Horsens   Iso-
fjord

Varde   Billund **Vejle**   Kalundborg   **Holbæk**

Egtved   Seeland

Esbjerg   Fredericia   Fünen S. 85

Fanø   Vejen   **11**   Bogense   Kerte-
minde   Slagelse   Ringsted
Kolding   Middel-   **7** **15**   Nyborg   Korsør
5   fart   **Odense**
Ribe   **Haderslev**   Fünen   **Næstved**
8   **6**
Rømø   Faaborg   Smålands-
Havneby   Løgum-   Svendborg   far-
kloster   Aabenraa   Als   vandet
Sylt   Æro   Rudkøbing   Tårs

13   Tønder   Lolland   Nykøbing F.
Nakskov   Gedse
Krus-   **Sønderborg**   Lange-
Jütland S. 99   land   Rødbyhavn

Flensburg

D E U T S C H L A N D

Kiel   Fehmarn

Top 12 Highlights

⭐ **1** Kopenhagens Hafen-promenade › S. 59

⭐ **5** Ribe › S. 110

⭐ **9** Den Gamle By › S. 131

⭐ **2** Louisiana › S. 72

⭐ **6** Skagen › S. 121

⭐ **10** Fyrkat › S. 138

⭐ **3** Roskilde › S. 76

⭐ **7** LEGOLAND Park › S. 125

⭐ **11** Læsø › S. 142

⭐ **4** Odense › S. 88

⭐ **8** Silkeborg › S. 128

⭐ **12** Kunstmuseum Bornholm › S. 147

① **Touren-Start**

Perfekte Planung
Parallel Klappe vorne links aufschlagen

Die Mühle von Dybbøl bei Sønderborg ist ein dänisches Nationalsymbol

TYPISCH

Dänemark ist eine Reise wert!

Das kleine Königreich nördlich der deutschen Grenze ist liebenswert, gemütlich und cool zugleich. Ein Paradies für Segler, Strandurlauber, Fahrradfahrer und Familien. Auch Kunstliebhaber und Feinschmecker kommen auf ihre Kosten.

Der Autor **Axel Pinck**
arbeitet für führende Buchverlage, Magazine und Zeitungen sowie für Rundfunk und Fernsehen. Dänemark hat ihn schon als Jugendlicher angezogen, und seit Langem reist er mehrmals im Jahr in das nicht weit von seiner Heimatstadt Hamburg entfernte Land. Er kennt die Strände der Nordseeküste von Rømø bis Skagen, hat die meisten Inseln besucht und fühlt sich in Kopenhagen wie zu Hause.

Wer auf der Autobahn über Hamburg nach Norden fährt, bemerkt irgendwann, dass sich die Szenerie verändert hat. Unmittelbar nördlich von Flensburg sind Schlagbäume und Ausweiskontrollen seit einigen Jahren nur noch gelegentlich zu sehen, doch wenn in vielen Vorgärten der »Dannebrog«, die dänische Nationalflagge, als spitzer Wimpel an Fahnenmasten flattert und in Ortsnamen wie Tønder oder Kruså ungewohnte Buchstaben auftauchen, ist klar: Dänemark ist erreicht.

Meine erste Auslandsreise führte mich als 14-Jähriger – mit dem

Die 90 m hohe Wanderdüne Rubjerg Knude bei Lønstrup im Nordwesten Jütlands

Einfach »hyggelig« ... Idyll mit Klatschmohn auf Bornholm

Fahrrad und einigen Kumpels aus der Schule – ins dänische Jütland. Wir staunten über knallrote Würstchen und über Softeis, das damals bei uns noch nicht sehr verbreitet war. Und empfanden, auch ohne direkten Anlass, eine plötzliche Ahnung von Weite und Freiheit. Dieses positive Gefühl ist erhalten geblieben, auch nach vielen Jahren und Dutzenden von Besuchen freue ich mich jedesmal neu über die vertraute Fremde und eine besondere Urlaubsstimmung, die sich fast schlagartig einstellt.

Inzwischen habe ich fast alle Regionen Dänemarks erkundet, in den Dünen der Nordseeküste geträumt und bei Ebbe im Watt zwischen Rømø und Mandø Austern gesammelt. Im Ringkøbing Fjord habe ich Windsurfen gelernt und weiter im Norden in Hirtshals im Nordsøen Oceanarium die spannende Unterwasserwelt der Nordsee bestaunt. Bei Skagen an der Nordspitze von

Jütland war ich verblüfft, dass die Wellen der Nordsee von links und die der Ostsee von rechts tatsächlich aneinander schlagen.

Die Inseln zwischen Jütland und Schweden haben alle ihren eigenen Charakter. Auf Læsø mitten im Kattegat habe ich den köstlichen Kaisergranat gekostet, der auf Dänisch »Jomfruhummer« heißt und nach dem Export in Richtung Italien dort als Scampi Restaurantgäste erfreut.

Fünen ist für mich immer noch die Märcheninsel. Nicht nur weil hier Hans Christian Andersen, der bekannteste Schriftsteller und Märchenerzähler Dänemarks, in Odense geboren wurde, sondern weil auch die Landsitze und Schlösser, wie das von Egeskov mit Wallgraben, Zinnen und Rittersaal, wie aus einem Märchen sind. Doch die harmonische, leicht gewellte Landschaft, die den kühnen Namen »Fünische Alpen« trägt, hat es trotzdem in sich. Noch heute spüre ich den

Kirche – vom Sande verweht. In Skagen gibt es Sand im Überfluss

Nordisch–französische Küche im Kopenhagener Restaurant Marchal

gleich mit der auf Rügen nicht scheuen muss.

Und dann ist da noch Bornholm, ganz im Osten, näher an der schwedischen Südküste als an Dänemark. Herrliche Sommerurlaube habe ich hier verlebt, an Felsen- und Strandküsten und einer tollen Dünenlandschaft bei Dueodde. Auch der Herbst hat hier seine Reize – mit Räuchereien, köstlichem Eis und einem hügeligen Inselinnern. Für mich ist dieses überschaubare Eiland gleichzeitig ein Traumziel für Radurlaube.

Auf der größten dänischen Insel Seeland imponieren mir immer wieder die königlichen Schlösser und herrliche Strände im Norden, das Wikingererbe bei Roskilde und Trelleborg und natürlich die Hauptstadt Kopenhagen, eine der lebenswertesten Städte Europas. Ich liebe den Kontrast von historischen Schlösser wie Amalienborg und Rosenborg und futuristischen Bauten wie der Nationalbibliothek im »Schwarzen Diamanten« oder dem neuen Opernbau am gegenüberliegenden Ufer des Hafenstroms. Der zieht sich, komplett neu gestaltet, zwischen dem Zentrum und Christianshavn durch die Stadt, gesäumt von einer Promenade, Apartmenthäusern, Hotels, Restaurants und Cafés. Und wer wie ich gern die neue »Nordische Küche« erkundet, der ist in Kopenhagen goldrichtig: Mehrere Dutzend Restaurants zelebrieren Skandinaviens Küchenkunst auf höchstem Niveau.

Muskelkater bei einer Fahrradtour vor einigen Jahren.

Die Insellandschaft südlich von Fünen ist auch als »dänische Südsee« bekannt, mit Ærøskøbing, Langeland und den vielen Eilanden dazwischen. Wer wie ich dieses Idyll bei einer Segelkreuzfahrt im Sommer erkundet hat, wird sich auch an die köstlich schmeckenden Heringe in den Häfen frisch aus dem Rauch erinnern und an das herrliche Tuborg Bier, das in den Kro genannten Landgasthöfen ausgeschenkt wird. Heiße Schokolade, natürlich mit Sahnehaube, trinke ich dagegen im Herbst, nach einem langen Strandspaziergang. Kilometerlange Strände gibt es auch auf Lolland und Falster, durch die die Europastraße 47, die »Vogelfluglinie«, Kopenhagen entgegen strebt.

Ein Schlenker nach rechts und man landet nach einer Brücke auf Møn, einer besonderen Insel. Für mich sind die Buchenwälder hier am schönsten, nahe der imposanten Kalksteinklippe, die einen Ver-

Reisebarometer

Was macht Dänemark so besonders? Sind es die langen Sandstrände, die gemütlichen Orte, die harmonischen Landschaften zwischen zwei Meeren? Und dazu Menschen, die sich mal bodenständig, mal schrullig oder lässig und gesellig geben?

10x richtig gut

Abwechslungsreiche Landschaft
Klippenküsten, Felder und Wälder in leicht gewellter Landschaft

Kunst und Kultur
Beispielhafte Förderung moderner Kunst und Architektur, hoch geachtetes Kunsthandwerk und Design

Kulinarische Vielfalt
Hotdog, Smørrebrød und die neue Nordische Küche

Abenteuerlust und Entdeckergeist
Freilichtmuseen, Wikingererbe, prächtige Schlösser

Sportliche Aktivitäten
Ein Land für Wassersportler, Radler, Wanderer und Golfer

Geeignet für Strandurlaub
7300 km Küstenlinie mit sandigen Stränden und Dünen

Shoppingangebot
Beliebt ist v. a. Kunsthandwerk im nordischen Design.

Gemütliche Orte
Herausgeputzte Städtchen mit netten Geschäften

Spaß und Abwechslung für Kinder
Strandvergnügen, viele Wasser- und Freizeitparks

Preis-Leistungs-Verhältnis
Keine Schnäppchen, aber solide Leistung für den Preis

● = gut   ●●●●● ● = übertrifft alle Erwartungen

50 Dinge, die Sie …

Hier wird entdeckt, probiert, gestaunt, Urlaubserinnerungen werden gesammelt und Fettnäpfe clever umgangen. Diese Tipps machen Lust auf mehr und lassen Sie die ganz typischen Seiten erleben. Viel Spaß dabei!

… erleben sollten

1 Meet the Danes Typischer geht es kaum: Das Programm ermöglicht den Kontakt und ein Abendessen mit gastfreundlichen Dänen im Raum Kopenhagen [E/F4] (www.meetthedanes.dk, 480 DKK).

2 Am höchsten Punkt Seelands Auf der Halbinsel Odsherred › **S. 75** führt eine 8 km lange Rundtour von Schloss Dragsholm › **S. 76** u. a. nach Vejrhoej, dem mit 121 m höchsten Punkt Seelands: Der Panoramablick hier ist überwältigend. Karten und Beschreibungen bei VisitOdsherred (Holtets Plads 1, Nykøbing Sjaelland, www.visitodsherred.de, 125 DKK).

3 Reiten am Meer An mehreren Orten um Hvide Sande › **S. 113** werden Ausritte arrangiert. Der Reiterhof Vinterlejegaard liegt in den Dünen und bietet Strandritte für Anfänger und Geübte (Vesterledvej 9, Haurvig, Hvide Sande, www.vinterlejegaard.dk/de, ab 200 DKK).

4 Radeln auf Eisenbahntrassen Bornholm verfügt über ein einzigartiges Netz aus Radwegen. Auf der Trasse der einstigen Eisenbahn von Rønne › **S. 146** Richtung Aakirkeby radeln Sie in leichtem Auf und Ab einmal quer über die Insel zum Hafenstädtchen Nexø › **S. 147** (http://bornholm.info/de), z.B. mit Leihrädern von Aakirkeby Cykler (Storegade 21, Aakirkeby, www.aakirkebycykler.dk, ab 60 DKK/Tag).

5 Austernsafari Von Mitte Oktober bis Ende April lädt das Wattenmeerzentrum in Vester Vedsted › **S. 110** zur Austernsafari ins Wattenmeer (280 DKK). Die selbst gesammelten Felsenaustern dürfen anschließend verspeist werden.

6 Golfen wie ein Champion In Nordseeland liegt immer ein Golfplatz in der Nähe. Einige gehören zu den besten des Landes, etwa der Championship Course des Golfklubs von Gilleleje › **S. 74** (Sophienlund Allé 13, http://gillelejegolfklub.dk, Greenfee ab 450 DKK).

7 Im Kajak durch die Stadt Im Sommer können Besucher Kopenhagen auch von der Wasserseite erkunden. Mit dem Kajak geht es durch die Kanäle der Stadt (Kayak Republic [c4], Børskaj 12, www.kayakrepublic.dk, ab 275 DKK).

8 Wandern auf der Wanderdüne Naturkraft pur erlebt man bei einer Wanderung auf der gigantischen

Wanderdüne Råbjerg Mile › S. 120. Vom höchsten Punkt der Düne hat man eine grandiose Aussicht.

⑨ Paddeln auf der Gudenå Der Fluss und die klaren Seen rund um Silkeborg › S. 128 eignen sich ideal für Kanutouren. Herrlich ist die rund zweistündige Strecke von Ry zum Old Rye Zeltplatz, auf der man auch Reiher, Kormorane, Enten und Blässhühner sieht. (Verleih, Touren: Ry Kanofart, Kyhnsvej 20, Ry, www. kanoferie.dk, 100 DKK/Std.) [C3]

Im Kajak durch Kopenhagen

⑩ Abenteuer unter Wasser Die vielen Schiffswracks vor der Nord- und Ostküste von Bornholm ziehen Wracktaucher an. Das Dive Center in Rønne › S. 146 bietet Touren, z. B. zu einem 1989 gesunkenen russischen U-Boot (Lille Torv 14, Rønne, www.dykkercenter-bornholm.dk, ab 250 DKK).

⑪ Windsurfen auf Hawaii Klitmøller › S. 119 an der Westküste Jütlands gilt als eines der besten Surfreviere Europas und heißt bei Eingeweihten nicht umsonst »kaltes Hawaii«. Westwind bietet Kurse aller Könnerstufen (www.westwind. dk, ab 410 DKK).

... probieren sollten

⑫ Frisch gefangener Fisch Den gibt es am Seglerhafen von Skagen › S. 121 in den historischen Packhäusern. Einige wurden zu Fischrestaurants umgebaut. Mein Favorit: Dorsch essen im Bodilles Kro (Østre Strandvej 11, www.bodilles kro.dk, Abendessen ab 190 DKK).

⑬ Hotdogs vom Pølsevogn Imbisswagen gibt es in nahezu allen dänischen Ferienorten. Klassische Hotdogs, aber in Bio-Qualität, serviert von Mo–Sa der DØP Pølsevogn [b3–c3] in der Fußgängerzone der Købmagergade in Kopenhagen.

⑭ Smørrebrød Weit mehr als ein »Butterbrot«! Aamanns [b2] in Kopenhagen kreiert moderne Varianten mit viel Belag und Geschmack. Mein Favorit: Lachs mit Sourcream, Fenchel, Gurke, Roggenbrotkrumen und Dill (Øster Farimagsgade 10, www.aamanns.dk, ab 60 DKK).

⑮ Lakrids Johan Bülow [G5] hat mit seinen süßen, salzigen, schokoladigen und fruchtigen Lakritzen die Süßigkeit aus Süßholz neu erfunden. An den »No. 3 Red Liquorice« hat der Meister fünf Jahre getüftelt (Glastorvet 1, Svaneke, Bornholm, http://lakrids.nu, ab 60 DKK).

Die weißen Riesen von Esbjerg

16 **Bier von Mikkeller** In der Kopenhagener Bar von Mikkeller [a4] gibt es nur selbst gebraute Spezialbiere. Im hellen, lichten Interieur der Bierbar trinkt man z. B. ein »Peter, Pale and Mary« – und möchte nie mehr gehen (Viktoriagade 8 B-C, http://mikkeller.dk).

17 **Himmlische Eiszeit** Svaneke Is wird auf Bornholm mit der Milch von Jersey-Kühen und nordischen Früchten hergestellt und mit Inselhonig gesüßt. Das Sahneeis ohne jegliche Zusatzstoffe schmeckt einfach himmlisch, z. B. in der Eisdiele in Svaneke selbst › **S. 147**.

18 **Nordische Küche** Das Noma in Kopenhagen, mehrfach zum weltbesten Restaurant gewählt, ist viele Monate im Voraus ausgebucht. Deshalb: Gehen Sie ins Kadeau [G5], das ebenfalls exzellente nordische Küche bietet, entweder in Kopenhagen, aber besser noch auf Bornholm (Baunevej 18, Vestre Sømark Pe-

dersker, Aakirkeby, www.kadeau.dk, nur Mitte Mai–Sept. geöffnet, €€€).

19 **Limfjord Austern** Wer Glück hat, bekommt die seltenen Meeresfrüchte in der kälteren Jahreszeit in der Kødbyens Fiskebar in Kopenhagen (Flæsketorvet 100, 1711 Kopenhagen V, http://fiskebaren.dk, Mo bis Do 17.30–24, Fr, Sa 11.30–2, So 11.30–24 Uhr, €€–€€€).

20 **Sonne über Gudhjem** Gold geräucherte Heringe von der Ostseeinsel heißen in Dänemark »Bornholmer«. Am besten schmecken sie frisch aus dem Rauch und besonders köstlich als »Sol over Gudhjem«: u. a. mit Schwarzbrot, Radieschen und Eigelb. Sehr zu empfehlen von der Aarsdale Silderøgeri [G5] (Gaden 2, Aarsdale, Svaneke, www.aarsdalesilderoegeri.dk).

21 **Smell Walk** Lassen Sie sich vom Duft einer »bageri« verführen – dänisches Backwerk ist fantastisch. Honigkuchen, eine Spezialität von Christiansfeld › **S. 124**, können Sie z. B. von der Bäckerei im Honningkagehuset probieren (Haderslevvej 21, www.honningkagehuset.dk).

… bestaunen sollten

22 **Westjütlands weiße Riesen** Am Sæddinge Strand von Esbjerg › **S. 111** sitzen vier 9 m hohe, schneeweiße Monumentalfiguren und blicken – ägyptischen Kolossalstatuen gleich – stoisch aufs Meer.

23 Magie des Meeres Im 40 m langen Unterwassertunnel des Erlebniszentrums Fjord & Bælt in Kerteminde › S. 98 auf Fünen kommen Sie der Pflanzen- und Tierwelt des Beltmeeres ganz nah.

24 Gourmetspeisen im Gesamtkunstwerk Mielcke & Hurtigkarl im Schlosspark ist durchgestylt von den Toiletten über die wie Regentropfen gestalteten Kronleuchter bis zu den Kompositionen auf dem Teller (Frederiksberg Runddel 1, Frederiksberg, www.mielcke-hurtigkarl.dk, Di–Sa nur abends geöff., €€€).

25 Impressionismus am Meer Das intensive Licht in Skagen › S. 121 beflügelte einst Michael und Anna Ancher zu einzigartigen Kunstwerken. Im zum Museum umgestalteten Wohnhaus des Künstlerpaars beflügeln die Werke der Skagen-Maler den Besucher (Markvej 2–4, www.anchershus.dk).

26 Fischauktion Geradezu spektakulär ist die morgendliche Versteigerung frisch gefangener Fische im Hafen von Gilleleje S. 74, ganz im Norden Seelands.

27 Gartendüfte Südlich von Kolding › S. 124 breitet sich der mit 12 ha größte botanische Garten Nordeuropas aus. Ein Fest für Augen und Nase gleichermaßen sind u. a. die im Rosengarten und Rosarium gepflanzten 7000 Rosensträucher (Christian 4 Vej 23, Kolding, http://geografiskhave.dk, ganzjährig geöffnet, 75 DKK, Kinder gratis).

28 Naturkunst Im TICKON-Park von Tranekær Slot › S. 96 auf Langeland haben rund 20 »Land-Art«-Künstler Skulpturen und Objekte geschaffen, die sich im Laufe des Lebens oder Verwesens verändern. Faszinierend ist der »Organic Highway«: ein schnurgerader Weg aus parallel gelegten Ästen (Slotsgade 84, Tranekær).

29 Kalklandschaft Am südöstlichen Ende der Køge Bugt ragen die Kreidefelsen von Stevns Klint › S. 81 gut 40 m in die Höhe. Ihre Gesteinsschichten liefern u. a. die Erklärung dafür, warum die Dinosaurier vor rund 65 Mio. Jahren ausstarben. Mit einer speziellen App und GPS-Karten tritt zum Staunen Wissen hinzu (https://kalklandet.dk).

30 Aalborg Sydney Oper Das Utzon Center › S. 140 an der Hafenfront von Aalborg, letztes Werk des Architekten der Sydney Oper, ist ein fantastisch in Szene gesetzter Ausdruck nordischer Formensprache,

Das Utzon Center in Aalborg

der sich u. a. mit spannenden Wechselausstellungen zu Architektur und Design im Innern fortschreibt (Slotspladsen 4, www.utzoncenter.dk).

(31) Inselfestival Scampi sind eine Spezialität von Læsø › S. 142 und heißen hier Jomfruhummer. Anfang August treffen unter den Augen vieler Zuschauer die besten Köche des Landes aufeinander im Wettstreit um die »Gyldne Jomfruhummerklo« (www.jomfruhummerfestival.dk).

... mit nach Hause nehmen sollten

(32) Holmegaard Die Glasmanufaktur wurde 1825 gegründet, und noch immer gelingt es ihren Designern, zeitlos Schönes aus Glas zu kreieren. Mit dem Shot No. 5 wird der Aquavit zum besonderen Genuss (Händlerverzeichnis: www.holmegaard.com, 150 DKK).

(33) Lampen von Louis Poulsen Bei Illums Bolighus › S. 58, dem Designtempel Kopenhagens, gibt es eine große Auswahl. Die PH-Pendelleuchten sind legendäre Schönheiten (ab 4695 DKK).

(34) Selfie Die kleine Meerjungfrau in Kopenhagen sitzt fest auf ihrem Stein im Wasser › S. 60. Gute Bedingungen für ein Selfie – sie ist es gewohnt, fotografiert zu werden, und bleibt immer freundlich im Bild.

(35) Märchen Im Museumsshop des H. C. Andersen Hus in Odense › S. 89 gibt es wunderbare Scherenschnitte der Künstlerin Else Hasselriis, die sechs Märchen des Schriftstellers illustrieren.

(36) Aquavit Die Erinnerung an den Urlaub in Dänemark hält mit seinem Geschmack nach Dill, Koriander und Kreuzkümmel v. a. der Aalborg Jubilaeums Akvavit › S. 141 wach, den es überall in Dänemark gibt (150 DKK).

(37) Königsfamilie Die dänischen Nobilitäten stellen sich leider nicht für Fotos zur Verfügung, deshalb ist die gute alte Postkarte mit der Königsfamilie immerhin die zweitbeste Lösung. Es gibt sie überall im Land.

(38) Formschöne Keramik In vielen Urlaubsorten wird Keramik verkauft. Das Geschirr von Torben und Susanne kaufen auch dänische Spitzenrestaurants (Lov i Listed [G5], Hans Tygesensvej 27, Svaneke, www.lovilisted.dk, Tassen ab 100 DKK).

(39) Bernstein Wer nach kräftigen Stürmen an der Nordseeküste trotzdem keine Bernsteinstückchen am Strand findet, wird im Ravgaarden [C1] bei Hjørring bestimmt fündig (Skallerupvej 525, Sønderlev, www.ravgaarden.dk).

(40) Lebendes Licht Handgezogene Kerzen – »levende lys« – werden in vielen Urlaubsregionen gefertigt. Kastanielys [D4] am Lønnebjerg hat besonders schöne Exemplare (Søndervangsvej 39, Sjællands Odde, www.kastanielys.dk).

41 Designermode Dänische Mo-
dedesigner sind im Kommen. Die
avantgardistische Mode von Henrik
Vibskov [b3] für sie und ihn besticht
mit abstrakten, geometrischen Mus-
tern (Krystalgade 6, Kopenhagen,
www.henrikvibskovboutique.com,
Pullis ab 1700 DKK).

… bleiben lassen sollten

42 Sandburgen bauen Wer sofort
als Deutscher erkannt und mit Miss-
billigung bedacht werden will, baut
als Erstes eine Sandburg am dänischen Strand. Das bedeutet für Dänen: territoriales Anspruchsdenken!

43 Eigene Nationalflagge hissen
Im Land dürfen nur die dänische
Flagge, die skandinavischen Flaggen
und die EU-Flagge gehisst werden.

44 Nackt in die Sauna gehen In
Dänemark ist es keineswegs selbst-
verständlich, unbekleidet zu saunie-
ren. Badekleidung bewahrt Sie vor
peinlichen Situationen. Ausziehen
können Sie sie immer noch.

45 Protzen Wer herausstellt, dass
er mit einem »dicken Schlitten«
unterwegs und bestens bei Kasse ist,
wird als protzig empfunden. Auch
Wohlhabende stellen in Dänemark
ihren Reichtum nicht übertrieben
zur Schau.

46 Witze über die Königsfamilie
Die beliebte Königin Margrethe
und die Mitglieder des Königshau-

Den Kümmelschnaps Aquavit gibt es in
vielen Geschmacksrichtungen

ses sind kein Gegenstand von Wit-
zen oder Kritik.

47 Einem Du mit Sie begegnen
In Dänemark ist es üblich, sich zu
duzen. Wer im Laufe des Gesprächs
dann zum Sie wechselt, schafft eine
künstlich kühle und distanzierte Atmosphäre.

**48 Bei gutem Service nicht Dan-
ke sagen** Trinkgelder sind in Dänemark nicht unbedingt üblich, da im
Dienstleistungsgewerbe ordentliche
Gehälter gezahlt werden. Ein Dan-
keschön bei guter Bedienung wird
jedoch immer erwartet. Bei besonders gutem Service wird aber auch
ein Tipp gern angenommen.

49 Schuhe anbehalten In privaten Räumen zieht man ohne Auffor-
derung seine Schuhe aus.

50 Im Straßenverkehr drängeln
Entspannt bleiben gehört zur dänischen Lebenskultur.

Die Reisewelt
von POLYGLOTT

Mit POLYGLOTT ganz entspannt auf Reisen gehen.
Denn bei 150 Titeln ist der richtige Begleiter sicher dabei.

POLYGLOTT on tour

Der traditionsreiche Reiseführer mit
einzigartigem Tourenkonzept für
entspanntes und facettenreiches Reisen

**INKLUSIVE GRATIS
NAVI-E-BOOK**

mit allen Adressen zu
Essen, Trinken, Shoppen,
Hotels und Aktivitäten

POLYGLOTT zu Fuß entdecken

Die schönsten Metropolen zu Fuß
und mittendrin entdecken

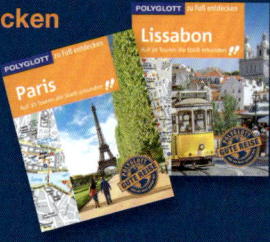

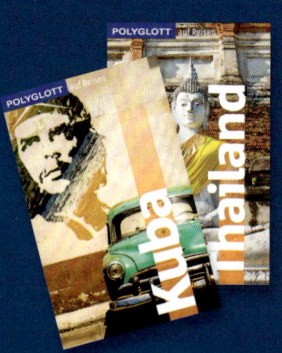

POLYGLOTT auf Reisen

Sehnsuchtsziele echt erleben – mit
ausgiebigen Touren, beeindruckenden
Bildern und opulentem Magazinteil

Geführte Tour gefällig?

Wie wäre es mit einer spannenden Stadtrundfahrt, einer auf Ihre
Wünsche abgestimmten Führung, Tickets für Sehenswürdigkeiten
ohne Warteschlange oder einem Flughafentransfer? Buchen Sie
auf www.polyglott.de/tourbuchung mit rent-a-guide bei einem der
deutschsprachigen Guides und Anbieter weltweit vor Ort.

www.polyglott.de

Was steckt dahinter?

Die kleinen Geheimnisse sind oftmals die spannendsten. Wir erzählen die Geschichten hinter den Kulissen und lüften für Sie den Vorhang.

Warum hat die kleine Meerjungfrau keine Schwanzflosse?

»Den lille havfrue«, also eigentlich die kleine Hafenfrau, das Wahrzeichen Kopenhagens, sitzt seit 1913 mit melancholischem Blick auf einem Findling im Wasser vor der Kopenhagener Uferpromenade Langelinie. Sie erinnert an ein populäres Märchen von H. C. Andersen von der Königstochter aus dem Meer und ihrer unglücklichen Liebe zu einem Menschenprinzen. Der Bildhauer Edvard Eriksen schuf die Bronzefigur im Auftrag des Kunst liebenden Bierbrauers Carl Jacobsen von der Carlsberg Brauerei. Doch warum besitzt sie statt einer Schwanzflosse einen menschlichen Unterkörper, aber statt Füßen Flossen? Der Bildhauer wollte die Meerjungfrau nach ihrer Verwandlung zum Menschen zeigen, der geldgebende Mäzen wollte eine Meerjungfrau mit Fischschwanz. Herausgekommen ist der Kompromiss, wie er noch heute zu sehen ist. Warum die Meerjungfrau aber zum Wahrzeichen Kopenhagens geworden ist, bleibt ihr Geheimnis.

Warum gibt es rote Würstchen?

Eigentlich unterscheiden sich die »røde pølser« nicht von Frankfurter oder Wiener Würstchen, wenn nicht ihre knallrote Farbe wäre. Verantwortlich dafür ist ein Lebensmittelfarbstoff, meist Karmin, mit dem die Naturdärme leuchtend rot gefärbt werden. Aber warum werden die Würstchen rot gefärbt? Einige meinen, dass die Rotfärbung ursprünglich als Warnhinweis diente, wenn die Würste länger als einen Tag im Handel waren. Andere sagen, dass die Rotfärbung einer Lyoner Tradition entstammt und wegen des dekorativen Aussehens übernommen wurde.

Warum findet man an der dänischen Nordseeküste Bernstein?

Bernstein ist das verhärtete Harz von Bäumen, die vor 30–50 Mio. Jahren wuchsen. Im Laufe vieler Jahre im Boden zusammengepresst, wurde es während der Eiszeiten zusammen mit den Erdschichten von Osten nach Südwesten bewegt. Bei Stürmen v. a. in der kälteren Jahreszeit wird der Meeresboden aufgewühlt und der leichtere Bernstein mit Sand, Algen und Muscheln an Land gespült. Hier kann man ihn dann mit etwas Glück an den Stränden finden: nicht glatt und poliert, sondern eher schmutzig grau-braun oder weißlich durchsichtig, dunkel ockerfarben oder auch grauschwarz. Ungeübte Sammler dürfen Bernstein nicht mit Phosphor verwechseln, der sich in trockenem Zustand selbst entzündet und schwerste Verbrennungen hervorrufen kann!

Einer der langen, breiten Sandstrände Westjütlands

REISE-PLANUNG & ADRESSEN

Die Reiseregion im Überblick

Die Strände scheinen unendlich und sind an manchen Stellen viele hundert Meter breit. Ein mächtiger Dünengürtel trennt sie vom Hinterland. Dort ducken sich im Windschatten der Sandberge Sommerhäuser und liebevoll gepflegte Strandhöfe aus alten Zeiten.

Das ist das Dänemark, das die meisten Besucher erleben, denn die Nordseeküste Jütlands ist mit Abstand das beliebteste Urlaubsziel im Land. Dänemark bietet aber noch viel mehr: über 400 Inseln, knapp 100 davon sind bewohnt. Fast wäre Dänemark ein reiner Inselstaat, hinge nicht Jütland mit 67 km Landgrenze am Norden Deutschlands. Immerhin ist kein Flecken Land weiter als 52 km vom Meer entfernt. Auch das Land zwischen den Meeren ist vielfältiger, als geografische Maxima erahnen lassen. Die letzte Eiszeit hat die unzähligen Hügel modelliert, auf denen sich Wälder und Heideflächen ausbreiten. Aber auch der Mensch hat das Landschaftsbild geprägt: Zwischen Weiden und Äckern trifft man auf einzelne Höfe oder kleine Dörfer. Die meisten Kleinstädte verbinden erfolgreich den Charme alter Fachwerkbauten mit den Bedürfnissen von heute, und viele geben der Moderne in der Architektur und der Kunst auf Straßen, Plätzen und in Museen Entfaltungsraum. Die wenigen Großstädte und die alles überstrahlende Metropole Kopenhagen wetteifern mit ihren hervorragenden Museen ebenso wie mit Kulturangeboten – jeder findet etwas für seinen Geschmack.

Kopenhagen ist die Hauptstadt Dänemarks und mit ca. 600 000 Einwohnern auch die größte Stadt des Landes. In ihrem direkten Einzugsgebiet leben weitere 1,3 Mio. Menschen. Trotzdem ist Kopenhagen eine kleine Hauptstadt, eine Weltstadt zwar, aber eine ohne Hektik. In der Innenstadt gibt es mehrere Dutzend Museen, manche von ihnen, wie die Ny Carlsberg Glyptothek, genießen Weltruhm. Auch die Theater- und Musikszene hat internationales Niveau: Als Jazzhauptstadt Europas ist Kopenhagen schon lange bekannt.

Kopenhagen ist eine Stadt am Wasser. Egal, wo man wohnt, man ist immer in der Nähe der Ostsee. Den Sommer verbringt man entweder am Strand oder genießt die Sonne in einem der zahlreichen Straßencafés. Und: Hier lebt man gern.

Strand von Balka auf Bornholm

Kopenhagen steht nicht nur in der Gunst seiner Bewohner ganz oben, sondern schafft es auch bei Städte-Rankings regelmäßig auf die vorderen Plätze.

Seeland ist Dänemarks größte Insel, auf der auch Kopenhagen liegt. Das am dichtesten besiedelte Gebiet des Landes ist zugleich eines seiner vielfältigsten. Viele Urlaubsgebiete harren hier noch der Entdeckung, allen voran die Nordküste Seelands mit herrlichen Sandstränden, Dünen, Küstenwäldern, Schlössern und Museen. Ein ideales Ziel für alle, die einen geruhsamen Ferienhausurlaub am Meer mit Ausflügen in die weltoffene Hauptstadt kombinieren möchten. Nur eine Brücke trennt **Lolland** von Seeland, das sehr seiner größeren Schwester ähnelt. Die kleine **Insel Møn** ist wegen ihrer Kreidefelsen bekannt und lohnt auf jeden Fall einen Abstecher.

Fünen, »der Garten Dänemarks«, besitzt bestes Ackerland – ein Garant für den Wohlstand der Inselbewohner. Von all ihren Hinterlassenschaften sind die Schlösser und Herrensitze die schönsten, vom romanischen Königsschloss Nyborg bis Gut Holstenshus bei Faaborg. Der reine Transit über Fünen ist auf der Autobahn E 20 in 45 Min. zu bewältigen, doch es wäre jammerschade, nicht rechts und links zu schauen oder die Inselhauptstadt Odense auszulassen.

Jütland ist die Hauptferienregion für deutsche Touristen – die ewig langen Sandstrände und die dahinter liegenden, oft in den Dünen versteckten Ferienhäuser sind begehrte Ziele –, und das nicht nur im Sommer, sondern auch zwischen Weihnachten und Silvester. Sehenswert sind auch Jütlands Städte: kleinere wie Ribe und größere wie Aarhus und Aalborg. In Jütland kann man zudem wählen, in welchem Meer man baden will, an der Westküste in der raueren Nordsee oder im Osten in der Ostsee. Und dann ist da noch **Bornholm**. Die Insel weit im Osten hat ihren ganz eigenen Charakter und ist v. a. bei Radlern und Badeurlaubern beliebt. Aus gutem Grund: Nirgends in Dänemark scheint die Sonne so lange wie hier und nirgends im Land ist es so warm wie auf Bornholm.

Daran gedacht?

Einfach abhaken und entspannt abreisen

- ☐ Reisepass / Personalausweis
- ☐ Fähr- / Bahntickets
- ☐ Voucher für Ferienhaus / Hotel einstecken
- ☐ Autopapiere / Führerschein
- ☐ Sitter für Pflanzen und Tiere organisieren
- ☐ Zeitungsabo umleiten / unterbrechen
- ☐ Postvertretung organisieren
- ☐ Wasser-/Gashaupthahn abdrehen
- ☐ Fenster zumachen
- ☐ Nicht den AB besprechen: »Wir sind für zwei Wochen nicht da.«
- ☐ Kredit- / EC-Karte einstecken
- ☐ Medikamente einpacken
- ☐ Ladegeräte / Adapter für Schuko-Stecker einpacken

Klima & Reisezeit

Dänemark liegt in einer Zone gemäßigten Meeresklimas mit Temperaturen, die sich nicht rasch verändern. Schnell und häufig wechselnde Wetterlagen sind die Regel, Perioden mit konstantem Wetter die Ausnahme.

Wind ist typisch für alle Landesteile. Trotz geringer Gipfelhöhen gibt es unterschiedliche Niederschlagsmengen: Im Westen regnet es mäßig, in Zentraldänemark viel, im Osten wenig. Bestes Beispiel dafür ist die Ostseeinsel Bornholm, die mit dänischen Rekordwerten für die Anzahl der Sonnenscheinstunden wie auch bei den Höchsttemperaturen aufwarten kann.

Die aktuelle Wettervorhersage des Deutschen Wetterdienstes für Dänemark kann man unter Tel. 0900/1 11 60 20 26 (0,62 €/Min.) abhören. Kostenlose Wetterinfos gibt es im Internet u. a. beim Dänischen Meteorologischen Institut (www.dmi.dk).

Wann die beste Reisezeit ist, hängt natürlich sehr von den Interessen des Einzelnen ab. Wer Badeurlaub in Jütland machen will, ist natürlich auf die Sommermonate beschränkt. Die meisten Ferienhäuser werden inzwischen aber ganzjährig vermietet, und auch ein langer Strandspaziergang mit hochgeschlagenem Mantelkragen im November hat seinen Reiz.

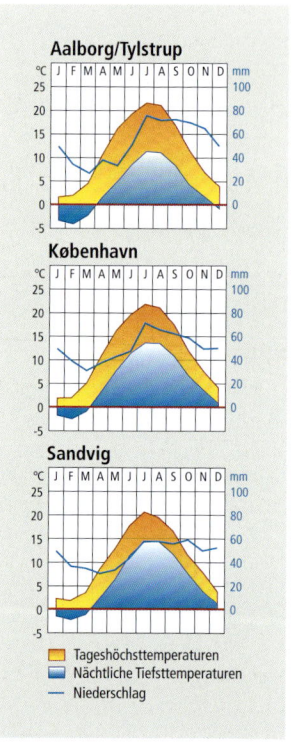

Das wunderbare Winterlicht in Dänemark und gemütliche Abende in der Sauna oder vor dem Kamin machen die Ferienhäuser außerdem zu einem beliebten Reiseziel über Weihnachten und Silvester; in diesem Zeitraum gelten dann aber auch die gleichen Höchstpreise wie während der Badesaison. Kopenhagen ist inzwischen ohnehin ein Ganzjahresreiseziel, aber in der Nebensaison hat man hier den Vorteil, die Stadt ohne Touristenmassen genießen zu können.

Anreise

Brücke oder Schiff

Bei einem Urlaub auf Seeland oder in Kopenhagen spart man auf dem Weg übers Wasser eine Menge Zeit und Nerven. Fähren von Scandlines verkehren zwischen Rostock und Gedser (Überfahrtzeit 120 Min., 62–168 €) sowie von Puttgarden auf Fehmarn nach Rødby (45 Min., ca. 62–130 €, jeweils Hin- und Rückfahrt Auto inkl. Insassen, www.scandlines.de). Von beiden Fährhäfen fährt man weitere 2 Std. bis Kopenhagen. Ein Umweg über die Brücke am Großen Belt lohnt sich wegen der Gebühren kaum (32 € pro Strecke und Pkw, für Anhänger oder Wohnmobile 49 €, www.storebaelt.dk).

Vom schwedischen Trelleborg erreicht man Kopenhagen nach etwa 1 Std. Fahrt über Malmö und die Øresundbrücke (Brückenmaut 49–55 €, www.oeresund-bruecke.de). StenaLine steuert Trelleborg über Rostock oder Sassnitz an (Rostock ab 214 €, Sassnitz ab 126 €, jeweils Auto inkl. Insassen, www.stenaline.de). TT-Line (www.ttline.com) fährt ab Rostock und Travemünde nach Trelleborg.

Bahn

Täglich verkehren über die Vogelfluglinie (Puttgarden/Rødby) sowie über die Große-Belt-Verbindung mehrere Züge in Richtung Kopenhagen. Mit dem DB-Nachtzug (www.citynightline.de) kann man z. B. ab München nach Hamburg und weiter nach Kopenhagen fahren.

Für Reisende mit Zielen in Westjütland interessant: Alle zwei Stunden fahren Regionalzüge von Niebüll (mit IC-Anschluss aus Hamburg) ins dänische Tønder, wo Anschluss nach Esbjerg besteht (www.neg-niebuell.de.

Der Nachtzug von Berlin Night Express (www.berlin-night-express.com) fährt von Berlin nach Malmö. Von dort erreicht man Kopenhagen bequem mit dem Lokalzug. Tickets gibt es auch an DB-Schaltern (Liegewagen 89 €, ab 45 € Fahrt mit Liegeplatz im 6er-Abteil, www.nordic-team-travel.de/bahn).

Bus

Internationale Buslinien verkehren zwischen Deutschland, Österreich und Dänemark. Schon ab ca. 40 € kommt man z. B. mit Berlin Linien Bus von Berlin nach Kopenhagen (www.berlinlinienbus.de).

StenaLine fährt ab Rostock oder Sassnitz

Flugzeug

Kopenhagen erreicht man von vielen Großstädten direkt mit großen Linien wie SAS (www.flysas.com), Lufthansa (www.lufthansa.com) oder Austrian Airlines (www.austrian.com). Der Flughafen liegt auf der Insel Amager zwischen Kopenhagen und Malmö. Von beiden Städten ist Københavns Lufthavne (Tel. +45 32 31 32 31, www.cph.dk) leicht mit dem Zug zu erreichen. Nach Billund auf Jütland oder Bornholm fliegen z. B. Lufthansa oder BA (www.britishairways.com).

Da sich speziell bei den Billigfliegern die Routen häufig ändern, sollte man sich vor der Reiseplanung auf der Homepage von VisitDenmark über die aktuellen Verbindungen informieren: www.visitdenmark.de.

Reisen im Land

Das dänische Straßennetz ist sehr dicht, Zustand und Verkehrsregeln entsprechen weitgehend mitteleuropäischem Standard.

Tankstellen findet man reichlich, unverbleite *(blyfri)* Kraftstoffe sowie Diesel gibt es überall. Pannenhilfe bietet die private Hilfs- und Rettungsorganisation Falck (Weiterleitung zur nächstgelegenen Station unter Tel. 04 01 92 21, www.falck.dk), die auch mit Automobilklubs wie dem ADAC kooperieren (deutschsprachiges ADAC-Notruf-Tel. +49 89 22 22 22).

Bei UNFÄLLEN mit ausländischen Beteiligten sollte über den DFIM – Dansk Forening for international Motorkøretøjsforsikring (Dänischer Verband für internationale Kfz-Versicherer) der Vertreter der heimischen Versicherung benachrichtigt werden (Tel. 41 91 90 69, Philip Heymans Allé 1, 2900 Hellerup, www. dfim.dk).

Züge verkehren häufig und sind gut auf weiterführende Bahnen, Busse und Fähren abgestimmt. Zentraler Knotenpunkt ist das zwischen Jütland und Fünen gelegene Fredericia, das man täglich im 2-Stunden-Takt vom dänischen Grenzbahnhof Padborg erreicht. Die Zugpreise richten sich nach einem Zonensystem, das in der Regel alle Verkehrsmittel einschließt. Jugendliche (bis 16 Jahre) sowie Rentner (ab 65 Jahre) bekommen Rabatte, ansonsten gibt es sogenannte Billigtage (Di–Do, Sa; keine Feiertage).

In Dänemark fahren preiswerte **Fernbusse** zwischen allen Landesteilen. Der gut funktionierende Regionalbusverkehr wird in großräumigen Tarifgemeinschaften abgewickelt. Hier gibt es günstige Mehrfachkarten oder auch spezielle Touristentickets. Fahrplanauskünfte für Busse und Bahnen: www.rejseplanen.dk.

SPECIAL

Unterwegs mit Kindern

Familien willkommen

Dänemark ist ein familienfreundliches Reiseland. Kinderermäßigungen werden fast überall geboten, der Eingang in die Geschäfte ist auch mit dem Kinderwagen problemlos möglich, und Wickeltische findet man auf nahezu jeder öffentlichen Toilette. Und ein Ferienhausurlaub ist ohnehin perfekt für Kinder: durch den endlosen Sand zu rennen, zu baden oder Drachen steigen zu lassen macht Kinderherzen so richtig glücklich. In mehreren wichtigen Urlaubsorten wird während des Sommers zudem ein umfangreiches Aktionsprogramm für kleine Urlauber angeboten.

Sommerlandparks

Natürlich gehören auch die Freizeitparks für Kinder zu den Höhepunkten eines Urlaubs. Das Kreischen hört man lange, bevor man sie sieht: Menschen, die sich an den Rändern eines ausgehöhlten Holzstammes festkrallen, der über einen Wasserfall in einen See hinabschießt. Splassshhhhhh!

Das typische Sommerland, so heißen in Dänemark die Vergnügungsparks für Kinder, will seinen Besuchern gute Laune bereiten. Die Vielfalt der Attraktionen – vom Streichelzoo über Karussells und Kletterburgen bis zu Achterbahnen und Go-Cart-Rennen – garantiert Glückszustände bei fast allen Altersgruppen. Eigene Kinderpreise gibt es in der Regel nicht; die ganz Kleinen bis 3 Jahre sind meist frei, ab dann gelten Eintrittspreise von 240 DKK pro Person. Senioren zahlen zahlen 190 DKK.

Picknickpakete darf man überall mitbringen, zum Teil findet man sogar einen kostenlosen Grill. Ansonsten gibt es in jedem Sommerland Imbissstuben oder preiswerte Familienrestaurants.

Im Aquapark von Fårup Sommerland

Ein typisches Sommerland öffnet in der ersten Maihälfte und schließt vor Mitte September. Zu Anfang und Ende der Saison hat es nur an Wochenenden geöffnet, von Mitte Juni bis Mitte August aber täglich und zwar ab 10 und dann je nach Saison bis 18, 19 oder 20 Uhr. Genaue Daten und Zeiten erfahren Sie aus Touristenzeitungen, Regionalbroschüren oder auf den Webseiten.

- **Sommerland Sjælland** [E4]
Großes Gelände mit traditionellen Attraktionen südl. von Højby. Das Spaßbad hält mit seiner Highspeed-Rutsche auch Jugendliche in Atem.
Gl. Nykøbingvej 169
4572 Nr. Asmindrup | Tel. 59 31 21 00
www.sommerlandsj.dk
- **Universe** [C5]
Ein Favorit bei den etwas Größeren: Im Wissenschaftspark › S. 122 kann man selbst Experimente durchführen. Außerdem gibt es einen Segway-Parcour, ein »5D-Kino«, und mit Hilfe eines riesigen Hebelkrans kann man sogar ein Auto »hochheben«.

Mads Patent Vej 1 | 6430 Nordborg
Tel. 88 81 95 00
www.universe.dk
- **Rømø Lege- & Hesteland** [A5]
Das zum Feriencenter Kommandørgården (mit Campingplatz; › S. 109) gehörende »Spiel- und Pferdeland« hat u. a. einen Streichelzoo und ein Indoor-Spaßbad mit Rutschen.
Borrebjergvej 15 | 6792 Rømø
Tel. 74 75 51 22
www.kommandoergaarden.dk
- **Fårup Sommerland** [B1]
Vorbild aller Sommerland-Parks: gut 50 Attraktionen für jedes Alter, u. a. ein gigantischer Rafting-Fluss und Dänemarks größter Aquapark.
Pirupvejen 147 | 9294 Blokhus
Tel. 98 88 16 00
www.faarupsommerland.dk
- **Djurs Sommerland** [C3]
Attraktionen für alle Altersstufen. Der Park ist in Themenwelten eingeteilt, dazu gehören u. a. wilde Fahrten im Wikinger- und Westernland.
Randersvej 17 | 8581 Nimtofte
Tel. 86 39 84 00
www.djurssommerland.dk
- **Joboland**
Brændesgårdshaven [G5]
Gleich außerhalb von Svaneke auf Bornholm bietet der Vergnügungspark viele Angebote für Kinder aller Altersgruppen: ein Erlebnisbad mit vielen Rutschen, ein großes Kletterland, Freilichtbühne, Minigolf und Grotten mit unterirdischen Wesen, den sogenannten Jobos, sowie eine Buggy-Rennstrecke.
Højevejen 4
3740 Svaneke
Tel. 56 49 60 76
www.braendesgaardshaven.com

Sport & Aktivitäten

Dänemark ist wie gemacht für einen Aktivurlaub. Das gilt nicht nur für Wassersportler, die in den Ferienregionen ideale Bedingungen vorfinden. Auch Radler und Wanderer freuen sich über eine perfekte Infrastruktur.

Wandern und Fahrradfahren

Vorschläge für **Wanderungen** macht das staatliche Forst- und Naturschutzamt in einer Reihe von Broschüren, die in den lokalen Informationsbüros erhältlich sind. Immer häufiger werden auch Langstreckenwanderwege eingerichtet, etwa Küstenwege in verschiedenen Teilen Jütlands, rund um Bornholm oder am Isefjord im Norden Seelands.

Ob kurze Tagesausflüge oder längere Radwandertouren – viele dänische Regionen lassen sich wunderbar auf zwei Rädern erkunden. Das dänische **Fahrradwegenetz** ist mit mehr als 10 000 Kilometern beschilderter Radwege vorbildlich. Infos zu Wander- und Radrouten gibt es auch bei www.visitdenmark.de unter dem Punkt »Aktivurlaub«.

Reiten

Pferdefreunde finden in Dänemark »alles Glück der Erde« auf zahlreichen Bauern- und speziellen Pferdehöfen. Infos zu Reiterferien, Reittouren und Pferdevermietung: www.visitdenmark.de. **50 Dinge** ③ › S. 12.

Segeln und Surfen

Konstanter, kräftiger Wind und Reviere mit nahezu allen Schwierigkeitsgraden machen Dänemark zu einem der beliebtesten Segel- und Surfreviere Europas.

Eine Legitimation, ein Segelschiff zu führen, wird in Dänemark nicht verlangt, doch sollten Segler Erfahrung und fundierte Navigationskenntnisse mitbringen. Rund 350 Häfen sind für Freizeitschiffer eingerichtet. Die Hafengebühren lie-

Wer noch nicht surfen kann, der lernt's, z. B. in Hvide Sande

gen je nach Länge zwischen 60 und 250 DKK pro Nacht und Schiff.

Klitmøller an der Nordsee nahe Thisted zählt zu den Top-Surfrevieren Europas, erfordert aber, wie alle Nordseegebiete, die perfekte Beherrschung dieses Sports. Weniger hohe Anforderungen stellen Ostsee, Limfjord oder Ringkøbing Fjord.

Einige Inseln und See- bzw. Küstenzonen sind Vogel- oder Robbenschutzgebiete und saisonal oder komplett gesperrt. Bei Missachtung drohen Strafen!

Kanu- und Kajakfahren

Für ausgedehntere Touren eignen sich das Seenhochland rund um Silkeborg › **S. 128** und der weitere Verlauf der Gudenå bis Randers › **S. 134**.

> **! Erst-
> klassig**

Strandschönheiten

· ·

- Ein Paradies (nicht nur) für Kinder sind die flachen Sandstrände auf **Langeland**. › **S. 96**
- Auf **Rømø** liegt Europas breitester Strand. Man kann ihn sogar mit dem Auto befahren. › **S. 109**
- Herrlich ist der 15 km lange, breite Sandstrand auf der Westseite von **Fanø**. › **S. 112**
- An der **Jammerbugt** liegen gleich mehrere schöne Strände, so z. B. der von Blokhus. › **S. 119**
- Der 25 km lange Sandstrand von **Dueodde** macht den Süden Bornholms zu einem beliebten Reiseziel für Badegäste. › **S. 147**

50 Dinge ⑨ › **S. 13**. Beliebt sind die Reviere der Suså nördlich von Næstved › **S. 79** sowie auf der Seenplatte mit Lyngby Sø, Bagsværd Sø und Furesø bei Kongens Lyngby › **S. 71** nördlich von Kopenhagen. Adressen von Kanuverleihern sowie Informationen über Beschränkungen zum Schutz der Natur erhält man bei den dortigen Infobüros.

Angeln

Wer in Dänemark angeln will, braucht einen Angelschein. Er ist ein Jahr lang gültig und kostet 185 DKK. Daneben gibt es Tages- oder Wochenscheine für 40 bzw. 130 DKK. Jugendliche unter 18 und Senioren über 65 Jahre brauchen keinen Angelschein. An Binnengewässern ist das Fischrecht oft an Privatpersonen oder Vereine verpachtet, deswegen ist zusätzlich eine Süßwasser-Angelkarte erforderlich (40–150 DKK pro Tag, Wochenkarte 100–350 DKK).

Angler können sich bereits von zu Hause über das Internet ihren Angelschein besorgen bei: www.fis ketegn.dk.

Schwimmen

Die herrlichen langen Strände an Nord- und Ostsee sind Dänemarks größtes Ferienparadies. Die Wasserqualität wird streng kontrolliert. An bewachten Stränden wird mit Flaggen angezeigt, ob Baden erlaubt ist oder nicht (rot = verboten, gelb = gefährlich, grün = erlaubt). Grundsätzlich sollten Sie beim Baden in der Nordsee vorsichtig sein und besonders Kinder im Blick haben.

Unterkunft

Am beliebtesten unter Urlaubern sind in Dänemark Ferienhäuser und Campingplätze, aber auch an Hotels und Landgasthöfen besteht kein Mangel, und selbst für schmale Geldbeutel bieten sich Alternativen.

Camping und Caravaning

Von rund 450 offiziell erfassten Campingplätzen ist gut ein Viertel ganzjährig geöffnet. Die Plätze sind in fünf Kategorien mit entsprechender Preisstaffelung eingeteilt. Die Preise werden pro Person/Nacht berechnet und liegen bei 55 bis 75 DKK (Kinder meist die Hälfte), hinzu kommt der Stromanschluss für 20–30 DKK pro Tag.

Das Dänische Fremdenverkehrsamt hält umfangreiches Material bereit und stellt auf www.visitdenmark.dc ein großes Verzeichnis zur Verfügung – als kostenlose Onlinebroschüre auf Deutsch.

Wildes Campen ist verboten. Und auch ohne offiziellen CAMPINGPASS geht es nicht. Das Plastikkärtchen ist ein Jahr lang gültig und kann bei Vorlage von Pass oder Personalausweis für 110 DKK vor der ersten Übernachtung auf jedem Campingplatz erworben werden. Der Pass gilt auch in Schweden, Norwegen und Finnland. Für Einzelübernachtungen kann ein Transitpass für 35 DKK gekauft werden.

Immer mehr verbreitet ist auf Campingplätzen die Unterkunft in **Hütten,** auch Bungalows genannt, die in der Regel vier Schlafplätze bieten und oft auch über eine kleine Küche verfügen. In der Hochsaison werden die Hütten meist auf Wochenbasis je nach Ausstattung zwischen 2500 und 6000 DKK vermietet, in der Nebensaison auch tageweise. Ein kostenloses Verzeichnis bekommt man

Svendborg Sund Camping auf Fünen

Erst-klassig

Stilvoll übernachten

- Das stilvolle **71 Nyhavn Hotel** €€€ [d3] in Kopenhagen ist in einem umgebauten Gewürz-speicher untergebracht. Nyhavn 71 | 1051 Kopenhagen K Tel. 33 43 62 00 www.71nyhavnhotel.com
- Ein grandioses altes Schlosshotel mit eigenem Hausgeist ist das **Dragsholm Slot** in Hørve auf Seeland. › S. 76
- Das gemütliche **Ærøhus** €€€ [C6] in von Efeu umrankten Fachwerkbauten liegt auf der Bilderbuchinsel Ærø. Vestergade 38 | 5970 Ærøskøbing Ærø | Tel. 62 52 10 03 www.aeroehus.dk
- Schlafen unterm Reetdach im **Sønderho Kro:** von Dünen umgeben und mit gepflegter Inselküche. › S. 112
- Das **Ballebro Færgekro** €€€ [C6] bietet Panoramablicke auf den Alssund, nette Zimmer und ein exzellentes Restaurant. Færgevej 5 | 6400 Sønderborg Tel. 74 46 13 03 www.ballebro.dk
- Luxus und Romantik bietet das **Dronninglund Slot** – ein perfektes Haus für verliebte Paare › S. 142
- Das **Melsted Badehotel** auf Bornholm bietet herrlichen Ost-seeblick, eine große Terrasse und ein exzellentes Restaurant. › S. 147

bei den örtlichen Touristinforma-tionen oder über DK-Camp (www.dk-camp.dk).

Im Sommer finden außerdem auf kleineren Inseln unkonventionelle Zeltlager statt, die thematisch aus-gerichtet sind – von Yoga über Thea-ter bis Poker (Ølejrbevægelsen, Skælskør Str. 22, 4262 Sandved, Tel. 70 22 55 81, www.oelejr.dk).

Ferienhäuser

Das Angebot reicht vom schlichten Holzhäuschen bis hin zum Luxus-domizil. Dusche, WC und Küche mit ausreichender Ausstattung sind immer vorhanden, ebenso Bettzeug (aber keine Bettwäsche). Die Miet-preise richten sich nach Komfort oder Standort; Differenzen von weit über 50 % zwischen Haupt- und Nebensaison sind üblich.

Die teuersten und luxuriösesten Häuser liegen an der Westküste Jüt-lands, relativ teuer sind Häuser auf Bornholm, preiswerter die an den anderen Ostseeküsten. Das Däni-sche Fremdenverkehrsamt veröf-fentlicht jährlich die Adressen vieler lokaler wie überregionaler Ferien-hausvermittler. Alle großen Ferien-hausvermieter bieten auch Online-Reservierungen (u. a. www.novasol.de, www. dancenter.de). Gerade für die Zeit um Weihnachten und Sil-vester sollte man nicht lange mit der Buchung warten, denn die schöns-ten Häuser sind oft schon früh weg.

Hotels und Kroer

In den Ferienregionen sind die Prei-se saisonabhängig, aber **Stadthotels** (z. B. »Best Western« und »Scan-

Idyll mit modernem Komfort: Hotel Ærøhus auf der kleinen Insel Ærø

dic«), die auf Geschäftsreisende spezialisiert sind, überraschen im Hochsommer sowie an Wochenenden oft mit günstigen Angeboten. Preiswert sind Missionshotels und Discounthotels mit Zimmern wie Schiffskabinen.

Kroer (Einzahl: Kro) heißen die Landgasthöfe entlang der wichtigsten Verkehrswege und in kleineren Orten. Viele Kroer haben ausgezeichnete Zimmer und hervorragende Restaurants. Die Bezeichnung Kro ist aber nicht geschützt, und so gibt es keinen einheitlichen Standard. Ordentlich sind die Häuser der Kette »Dansk Kro Ferie« (www.krohotel.dk) und meist auch die traditionsreichen »Kongelig privilegerede Kroer« (Königlich privilegierte Gasthöfe).

Viele alte **Adelssitze** sind zu komfortablen Hotels umgewandelt worden, in denen man einen stilvollen Urlaub auf dem Schloss verbringen kann. Ein Verzeichnis erhält man über Dansk Slotte & Herregårde (Tel. 86 60 38 44, www.slotte-herre gaarde.dk).

Günstige Alternativen

Wenn die Urlaubskasse unter scharfer Beobachtung steht, bieten sich in Dänemark günstige Übernachtungsalternativen. **Jugendherbergen** heißen hier Vandrerhjem (Wandererheim) und werden als Danhostel vermarktet, in denen jeder willkommen ist, ohne Altersbeschränkung. Die meisten haben Zweibett- oder Familienzimmer, häufig mit eigener Dusche und WC. Wer nicht im Besitz eines Jugendherbergsausweises ist, kann einen Gästeausweis lösen (Infos: Danhostel, Tel. 33 31 36 12, www.danhostel.dk).

Für Städtereisende werden im Sommer **Sleep-Inns** (Schlafsackunterkünfte) angeboten. Darüber, wie auch über das Angebot an Privatzimmern, informieren die jeweiligen Touristbüros.

Bei Familien beliebt sind **Ferien auf dem Bauernhof**. Zur Wahl stehen meist Zimmer mit Verpflegung (und Familienanschluss) sowie Gästewohnungen (Infos: Landsforeningen for Landboturisme, www.bon degaardsferie.dk).

Hafen von Helsingør auf
Seeland mit Blick auf das
»Hamletschloss« Kronborg

LAND & LEUTE

Steckbrief

- **Fläche:** 43 094 km²; teilautonome Gebiete: Färöer (1396 km²) und Grönland (2 166 086 km²)
- **Längster Fluss:** Gudenå (158 km)
- **Größter See:** Arresø (39,9 km²)
- **Verwaltung:** Fünf Regionen und 98 Kommunen mit direkt gewählten Regional- und Kommunalvertretungen
- **Bevölkerung:** 5,73 Mio. zzgl. Färöer (49 400) und Grönland (56 600)
- **Religion:** 76 % ev.-luth., 3,8 % muslim., 0,6 % röm.-kath.

- **Ausländeranteil:** ca. 8,1 %
- **Landesvorwahl:** 00 45
- **Währung:** Dänische Krone (DKK)
- **Zeitzone:** MEZ

Lage

Geografisch gehört Dänemark zu Mitteleuropa, kulturell zu Skandinavien. Jütland grenzt an Schleswig-Holstein. Hier leben ca. 20 000 deutschsprachige Nordschleswiger mit garantiertem Minderheitenstatus (eigene Schulen, Kindergärten usw.). Flächenmäßig nimmt die Halbinsel fast 70 % des dänischen Kernlands ein. Seeland dagegen belegt zwar nur 17 % der Landesfläche, doch wohnt fast jeder zweite Däne auf der Insel. Insgesamt verteilt sich das Land über 443 namentlich genannte Inseln. Dazu gehören auch die teilautonomen Gebiete Grönland und Färöer Inseln, ein Erbe der Kolonialzeit. Rechnet man diese in die Statistik mit ein, würde sich das Land um 2,2 Mio. km² vergrößern, die Einwohnerzahl aber lediglich um weitere 100 000 anwachsen. Beide Gebiete besitzen eigene Parlamente und Regierungen mit je einem Ministerpräsidenten und sind keine EU-Mitglieder. Kopenhagen bestimmt aber noch die Außen- und Sicherheitspolitik; dänische Steuerzahler subventionieren die Haushalte beider Länder.

Politik und Verwaltung

Dänemark ist eine konstitutionelle Erbmonarchie. Eine bürgerliche Verfassung ist seit 1849 in Kraft, mit großen Reformen 1915 und 1953. Die 175 »dänischen« Mitglieder des Einkammer-Parlaments Folketing werden nach dem Verhältniswahlrecht gewählt. Mit jeder Wahl entsenden auch Grönländer und Färinger je zwei Vertreter ins Folketing. Bei den Parlamentswahlen 2015 errang der liberal-konservative »Blaue Block« die Mehrheit; Lars Rasmussen von der rechtsliberalen Partei Venstre wurde Ministerpräsident.

Auf internationaler Ebene zeichnet sich Dänemark durch großen Einsatz in der Entwicklungshilfe aus. Das Land ist Mitglied in der NATO und in der E.U. In Bündnissen gelten die Dänen als zuverlässige, aber kritische Partner. Einerseits setzt keine Nation so konsequent EU-Direktiven in nationales Recht um, andererseits hinterfragt kaum ein Volk so nachhaltig die Zusammenarbeit: Die Dänen fürchten um ihre eigenständige Kultur und Identität.

Wirtschaft

Dänemark hat sich nach 1945 vom Agrarland zu einem modernen Industriestaat gewandelt und ist seit der systematischen Ausbeutung der Bodenschätze unter der Nordsee auch Rohstofflieferant. Wichtige Ausfuhrgüter neben Öl und Gas sind Medikamente und biochemische Grundstoffe, Nahrungs- und Genussmittel sowie Möbel. Außerdem gehören dänische Firmen weltweit zu den führenden Produzenten von Windkraftwerken. Land- und Forstwirtschaft sowie die Fischerei sind traditionell wichtige Wirtschaftszweige mit hohem Exportanteil. Die meisten Arbeitsplätze bietet der Dienstleistungssektor.

Die Wirtschaftskrise von 2008 traf Dänemark weit weniger hart als andere europäische Länder, und weiterhin präsentiert es sich als ökonomisches Musterland. Gemessen am Bruttosozialprodukt pro Einwohner gehört es zu den zehn reichsten Ländern der Welt. 1998 erfüllte es spielend die Kriterien für den Beitritt zum Euro, die Bevölkerung blockierte indes per Volksentscheid die Einführung. Trotzdem ist der Wechselkurs der Dänischen Krone an den des Euro gebunden.

Sprache

Dänisch hat sich aus dem Ostnordischen des Mittelalters entwickelt. Mit dem Deutschen gibt es gemeinsame Wurzeln im Urgermanischen. Viele Buchstaben verändern ihren Laut in Kombination, und zahlreiche »flüchtige Laute« werden kaum oder gar nicht gesprochen. Keine Ausspracheprobleme bereiten die Sonderbuchstaben: Æ wird wie Ä, Ø wie Ö, Å/Aa wie ein langes, offenes O gesprochen. Artikel (en und et, im Plural ne) stehen unbestimmt vor dem Substantiv, bestimmt werden sie angehängt: Ein Haus = et hus, das Haus = huset, Häuser = huse, die Häuser = husene.

Die Königliche Leibgarde

Geschichte im Überblick

200 000 v. Chr. Behauene Feuersteine beweisen die Anwesenheit erster Menschen.

3500–1800 v. Chr. In der jüngeren Steinzeit entstehen Dolmen- und Kammergräber.

1800–500 v. Chr. Bronzezeit. Hügelgräber werden aufgeschüttet.

500 v. Chr.–793 n. Chr. Eisenzeit. Erste Handelszentren wie Ribe und Haithabu entstehen.

793–1035 Wikingerzeit.

1154–1182 Unter Valdemar I. expandiert Dänemark bis ins Baltikum.

1240–1375 Die Hanse wird auf Kosten Dänemarks Ostseegroßmacht. Um 1300 ist das Land an den holsteinischen Adel verpfändet. Erst Valdemar IV. Atterdag (ab 1340) etabliert wieder eine starke Königsmacht.

1375–1412 Margrete I. übernimmt 1375 die Regentschaft.

1412–1439 Erik VII. macht Kopenhagen 1417 zur Hauptstadt. Ab 1425 lässt er von allen Schiffen, die den Øresund durchfahren, Zoll kassieren. Dies bleibt bis 1857 so.

1523 Gustav Vasa wird schwedischer König und nimmt sein Land aus der Vereinigung der Königreiche Dänemark, Norwegen und Schweden.

1534 Christian III. wird König und setzt die Reformation durch. Adel und Krone schröpfen die katholische Kirche. Bis Ende des 16. Jhs. entstehen rund 1500 Renaissanceschlösser und -herrensitze.

1596–1648 Christian IV. ist der große Bauherr der Renaissance. Im Dreißigjährigen Krieg verliert er große Landesteile an Schweden. Bei Christians Tod ist Dänemark ruiniert.

1648–1670 Frederik III. lässt wieder gegen Schweden marschieren und verliert bis auf Bornholm alle Provinzen östlich des Øresunds. Trotzdem kann er 1660 den Absolutismus durchsetzen.

1768–1772 Der deutsche Arzt Johann F. Struensee gewinnt das Vertrauen des geisteskranken Christian VII. und die Zuneigung der 18-jährigen Königin. Knapp 16 Monate regiert er mit visionären Ideen das Land, dann wird er entmachtet und enthauptet.

1801–1814 Zum Auftakt der Napoleonischen Kriege bezwingt eine englische Flotte die dänische in der Seeschlacht auf der Reede vor Kopenhagen. Dänemark schlägt sich auf die Seite Napoleons und schlittert mit ihm in Niederlage und Staatsbankrott.

1814 Die Siegermächte lösen die dänisch-norwegische Doppelmonarchie auf. Norwegen fällt an Schweden, nur Island, Färöer und Grönland bleiben bei Dänemark.

1814–1848 Total verarmt führt Dänemark als erstes europäisches Land eine allgemeine Schulpflicht ein und erlebt eine kulturelle Blütezeit, das »Goldene Zeitalter«.

1849 Einführung einer bürgerlichen Verfassung.

1848–1850 Ein Aufstand deutschgesinnter Schleswig-Holsteiner wird im ersten Schleswigschen Krieg niedergeschlagen.

1864 Die dänische Verfassung wird auf Schleswig – nicht auf Holstein – ausgedehnt. Der folgende Krieg gegen den Deutschen Bund endet in einer Niederlage. Schleswig und Holstein werden preußisch.

1914–1918 Im Ersten Weltkrieg bleibt Dänemark neutral.

1920 Eine Volksabstimmung entscheidet über den bis heute gültigen Grenzverlauf zu Deutschland.

1935–1940 Große Bauprogramme gegen Arbeitslosigkeit.

1940–1945 Dänemark wird am 9. April 1940 von der deutschen Wehrmacht besetzt. Im Oktober 1943 flüchten fast alle dänischen Juden vor ihrer Deportation nach Schweden. Am 5. Mai 1945 wird Dänemark befreit.

1953 Eine Verfassungsreform erlaubt die weibliche Thronfolge.

1955 Die »Bonn-Kopenhagener-Erklärung« garantiert den Minderheiten beiderseits der dänisch-deutschen Grenze die Wahrung ihrer jeweiligen Kultur.

1972 Margrethe II. wird Königin.

1973 Dänemark tritt der EG bei.

1993 Die Dänen nehmen den Maastrichter Vertrag an.

1998 Die 18 km lange Große-Belt-Querung wird freigegeben.

2000 Die Øresundbrücke nach Schweden wird eröffnet. Im September lehnen die Dänen die Teilnahme am Euro ab.

2006 Eine dänische Zeitung veröffentlicht angeblich islamfeindliche Karikaturen. Daraufhin wird Dänemark im sogenannten Karikaturenstreit das Ziel von verbalen Angriffen und Drohungen aus der islamischen Welt.

2009 Weltklimagipfel der UN in Kopenhagen.

2012 Dänemark hat im 1. Halbjahr die EU-Ratspräsidentschaft inne und ratifiziert den EU-Fiskalpakt.

2014 Bei den Europawahlen am 25. Mai holt die europakritische Dänische Volkspartei die meisten Stimmen.

2015 Der »Blaue Block« rechter und liberaler Parteien gewinnt die Parlamentswahlen. Ministerpräsident wird Lars Løkke Rasmussen von der Partei Venstre.

2018 Prinz Henrik, Ehemann der dänischen Königin Margrethe II., stirbt am 13. Februar im Alter von 83 Jahren auf Schloss Fredensborg.

SEITENBLICK

Königin Margrethe II.

Staatsoberhaupt ist seit 1972 die populäre Königin Margrethe II. (geb. 1940). Obwohl ihre Aufgaben laut Verfassung nur repräsentativer bzw. formeller Art sind, bezieht sie immer wieder öffentlich deutlich Position. Formal ist die Königin Vorsitzende des Staatsrates und muss alle Gesetze unterschreiben. Bei Regierungswechseln beauftragt sie einen der politischen Führer des Landes mit der Regierungsbildung. Sie beruft dann den »Staatsminister« und seine Regierung, deren Mitglieder können aber vom Folketing per Misstrauensvotum gestürzt werden.

Die Menschen

Die Dänen gelten als lässig, lustig, gesellig, Bier trinkend und freizügig, unter Skandinaviern gar als Südländer des Nordens.

Aber das sind Klischees. Die Dänen sind so vielfältig wie ihre Heimat: bodenständig, auf dem Land manchmal zurückhaltend, manchmal schrullig auf den Inseln, weltoffen in den Städten. Ihr unübersehbarer Nationalstolz, der sich in den allgegenwärtigen Nationalfarben Rot und Weiß dokumentiert, wirkt liebenswert, bekam jedoch in der jüngsten Vergangenheit dunkle Flecken: Trotz geringer Ausländerquote und strengen Einwanderungsgesetzen gingen Rechtspopulisten mit fremdenfeindlichen Parolen erfolgreich auf Stimmenfang: Die Dänische Volkspartei (Danske Folkeparti) brachte 2001 eine liberal-konservative Minderheitsregierung an die Macht, woraufhin das Klima für Ausländer, Arbeitslose und Randgruppen erheblich rauer wurde. Das strenge Zuwanderungsgesetz von Juli 2002 wurde 2010 noch einmal verschärft. Die liberal-konservative Regierung führte inzwischen mehrmals temporäre Grenzkontrollen ein.

Glückliches Dänemark

Dänemark ist eines der glücklichsten Länder der Welt. Mehrfach bestätigten Untersuchungen der Hamburger Stiftung für Zukunftsfragen das Resultat, das 2006 eine Studie der Universität Leicester ergeben hatte. Anhand von Faktoren wie Gesundheit, Wohlstand, Bildung, Zustand der Umwelt oder Zufriedenheit der Bürger war dabei eine »Weltkarte des Glücks« erstellt worden, auf der Dänemark stets einen der Spitzenränge einnimmt.

Auch im World Happiness Report 2013 der UN sind die Dänen am glücklichsten

Kunst & Kultur

Frühe Zeugnisse

Die ältesten Zeugnisse dänischer Kultur stammen aus der Jungsteinzeit (3500–1800 v. Chr.). In allen Landesteilen sind Großsteingräber erhalten: Runddolmen *(runddysse),* in der Regel mit nur einer Grabkammer und einem umgebenden Steinring, die jüngeren Langdolmen *(langdysse)* mit einer oder mehreren Grabkammern in einer rechteckigen, ebenfalls von Randsteinen gesäumten Anlage. Bei den Gang- und Kammergräbern *(jættestue)* schließlich sind eine oder mehrere Grabkammern in einem Hügel durch einen Gang von der Seite zugänglich.

Steinsetzungen, oft in Schiffsform, stammen aus der späten Eisen- und der Wikingerzeit (ca. 800–1035 n. Chr.). Verblüffend präzise angelegt sind die Wälle der Wikingerburgen Trelleborg auf Seeland und Fyrkat bei Hobro in Nordjütland.

Architektur

In der Romanik (1035–1250) entstanden erste Schlösser wie in Nyborg auf Fünen, Kathedralen wie im südjütländischen Ribe und weit über 1000 Landkirchen aus Granit, die »umfangreichste kulturhistorische Tat in der Geschichte Dänemarks«. Viele heutige Dorfkirchen haben einen romanischen Kern, wurden aber später anderen Stilen angepasst – noch sehr romanisch zeigt sich z.B. Tveje Merløse bei Holbæk auf Seeland. Der Dom von Roskilde zeugt vom Übergang zur Gotik (1250–1550). Neue Landkirchen werden jetzt mehrheitlich aus Ziegelstein gebaut. Ein gut erhaltener weltlicher Bau ist Burg Spøttrup am Limfjord.

Großartiges hat die niederländisch geprägte Renaissance (1550 bis 1630) hinterlassen, u.a. Schloss Kronborg in Helsingør oder die Kopenhagener Börse. Viele der berühmtesten Adelssitze stammen aus dieser Periode, so Egeskov auf Fünen oder Voergaard in Ostjütland; bürgerliche Gegenstücke sind Jens Bangs Stenhus in Aalborg und prächtige Fachwerkbauten in vielen Provinzstädten. Im Barock (1630

SEITENBLICK

Gegenwartsarchitektur

Höhepunkte der heutigen Architektur Dänemarks sind neuere Kulturbauten, allen voran die Museen für moderne Kunst wie das international herausragende Louisiana in Humlebæk, Nordjütlands Kunstmuseum in Aalborg, Bornholms Kunstmuseum und das futuristische Kunstmuseum ARKEN südlich von Kopenhagen. Ihnen ist gemein, dass sich die modernen Gebäude mit der umgebenden Natur verbinden. Mit Henning Larsen, Schöpfer der Kopenhagener Oper, hat Dänemark einen internationalen Star, dessen neues »Spiegel«-Verlagshaus in Hamburg 2011 eröffnet wurde.

bis 1735) entstanden repräsentative Bauten wie Schloss Charlottenborg in Kopenhagen und das königliche Frühjahrsdomizil Schloss Fredensborg auf Seeland. Schönstes Beispiel des anschließenden Rokoko (1735–1775) ist die königliche Residenz Schloss Amalienborg.

C. F. Hansen baute in der Periode des Klassizismus (1775–1850) nach dem Brand von 1807 Kopenhagen wieder auf. Die Architektur des Historismus (1850–1930) lebt vom Rückgriff auf Historisches: Beispiele sind die Rathäuser von Odense und Kopenhagen. Das Rathaus von Aarhus dokumentiert dann den Sprung zum Funktionalismus, der bis heute nachwirkt. Arne Jacobsen wurde zu einem der bekanntesten Architekten und Designer Europas. Die weltweite Anerkennung dänischer Architekten belegt Jørn Utzons imposantes Opernhaus in Sydney.

Kunst

Vom hohen Niveau des Kunsthandwerks in der Vorzeit zeugen Luren (bronzene Blasinstrumente) und der Sonnenwagen von Trundholm aus der Bronzezeit ebenso wie der Silberkessel von Gundestrup aus der keltischen und die Goldhörner von Gallehus aus der germanischen Eisenzeit.

In der Romanik wurden die ersten Kirchen mit Fresken ausgemalt, in der Gotik setzte sich dies fort, und eine Blütezeit erlebte die Kalkmalerei um 1500, u.a. mit dem Elmelund-Meister auf Møn. Filigrane gotische Holzschnitzarbeiten schufen Bernt Notke (Altar im Aarhuser Dom) und Claus Berg (Altar in der Knuds-Kirche, Odense).

Die erste Hälfte des 19. Jhs. gilt als das »Goldene Zeitalter« (Guldalder) des Kultur- und Geisteslebens, für das etwa C. Købke und J. T. Lundbye in

Der Stuhl »3107« des dänischen Architekten und Designers Arne Jacobsen ist der meistverkaufte Designstuhl aller Zeiten

der Malerei, H. C. Andersen in der Märchendichtung und Søren Kierkegaard in der Philosophie stehen.

Um 1900 kommen erstmals bedeutende Kunstimpulse von außerhalb der Hauptstadt: Im nordjütländischen Fischerdorf Skagen arbeitet die vom Impressionismus beeinflusste Malergruppe um A. Ancher und P. S. Krøyer (Skagens Museum).

Internationale Beachtung erlangt in der Mitte des 20. Jhs. die abstrakt schaffende, internationale CoBrA-(Copenhagen-Brüssel-Amsterdam)-Gruppe, der Künstler wie Asger Jorn (Sammlung im Silkeborg Kunstmuseum) und Carl-Henning Pedersen (Museum in Herning) angehörten.

Das Kunstmuseum ARoS in Aarhus

Zu den derzeit bekanntesten dänischen Künstlern gehören das Multitalent Per Kirkeby und Olafur Eliasson, der mit spektakulären Rauminstallationen begeistert. Moderne Kunst wird in Dänemark umfangreich gefördert, beispielhaft sind die vielen Kunstwerke auf Straßen und Plätzen der Provinzstadt Holstebro.

Literatur und Film

Für die Literaturschaffenden Dänemarks ist es auf internationaler Bühne schwer, aus dem Schatten des Märchendichters H. C. Andersen herauszutreten. Anfang des 20. Jhs. zählte Martin Andersen Nexø zu den meistgelesenen Autoren im deutschen Sprachraum. Internationale Popularität erlangte in den 1930er-Jahren Karen – in Deutschland »Tania« – Blixen. Erfolgreiche Verfilmungen von »Jenseits von Afrika« und »Babettes Fest« brachten ihrem Werk in den 1980er-Jahren eine Renaissance. Auch jüngste dänische Literatur liegt in deutschen Übersetzungen vor, so Krimis des Kopenhagener Originals Dan Turéll, die hochgelobte Lyrik Inger Christensens oder die Romane Peter Høegs, der Entdeckung der 1990er-Jahre. Sein Buch »Fräulein Smillas Gespür für Schnee« wurde ein Weltbestseller und mit internationaler Starbesetzung von Dänemarks Regiestar Bille August verfilmt. Bille August gewann außerdem 1988/89 mit der Verfilmung von Martin Andersen Nexøs Roman »Pelle der Eroberer« die Goldene Palme von Cannes, den europäischen Filmpreis Felix und einen Oscar.

Dänische Kinoerfolge haben Tradition: Das Land stellte mit Asta Nielsen bis in die 1930er-Jahre den ersten europäischen Kinoweltstar, und die

14 Filme um die ewig scheiternde Olsenbande (1968–1981 und 1999) zählten in der DDR zu den beliebtesten ausländischen Filmen. 1998/1999 machten avantgardistische Regisseure wie Lars von Trier (»Idioten«) oder Thomas Vinterberg (»Das Fest«) mit Streifen nach dem Dogma-Manifest Furore, die sich u. a. durch ihre Handkamera-Ästhetik und authentische Sets auszeichnen. Lars von Trier hat sich seitdem mit Filmen wie »Dogville« und »Melancholie« internationale Anerkennung verschafft, durch gezielte Provokation aber auch Kritik eingefangen. Neben Kinofilmen sind auch dänische TV-Serien wie etwa »Borgen« oder »Die Brücke – Transit in den Tod« international beliebt.

Feste & Veranstaltungen

Die Dänen sind ein feierfreudiges Völkchen. Irgendwo findet immer ein Fest oder ein Festival statt.

Im Folgenden sind die wichtigsten und bekanntesten Feste Dänemarks verzeichnet. Aber auch auf den unzähligen kleinen Dorffesten geht es äußerst lustig zu, und wahrscheinlich lernt man gerade da »Land und Leute« am besten kennen. Weihnachtsmärkte sind üblicherweise eine deutsche Spezialität, doch der Weihnachtsmarkt im Kopenhagener Tivoli kann es mit den

Das Roskilde-Festival ist eines der größten Musikevents in Europa

deutschen durchaus aufnehmen. Wenn das Wetter mitspielt und die dänische Hauptstadt im Schnee versinkt, ist er besonders zauberhaft.

Festkalender

Januar/Februar: Mehrtägiges **Vinterjazz-Festival** in diversen Städten (www.jazz.dk).

Februar: Beim Kopenhagener Karneval **Fastelavn** ziehen v. a. Kinder verkleidet durch die Stadt.

Mitte/Ende März: Das **Opernfestival** in Aalborg ist das einzige im Land (www.aalborgoperafestival.dk).

16. April: Mit einer großen Parade vor Schloss Amalienborg wird der **Geburtstag der Königin** gefeiert.

Mai: Seit den 1980er-Jahren gibt es in Kopenhagen den **alternativen Pfingstkarneval**. Drei Tage feiert man im Fælledparken (http://karneval-kbh.dk). Der **Pfingstkarneval** in Aalborg ist mit über 100 000 Gästen Nordeuropas größter Umzug (www.karnevaliaalborg.dk).

Ende Mai: Tausende nehmen teil beim **Kopenhagen Marathon** (www.copenhagenmarathon.dk).

23. Juni: Überall im Land feiert man **Sankt Hans Aften** (Johannisabend).

Letztes Juni-Wochenende: Mit den **Tordenskiold-Tagen** erinnert Frederikshavn an den legendären Seehelden Peter Wessel Tordenskiold (www.tordenskiold.dk).

Ende Juni/Anfang Juli: Die großen Rockstars geben sich beim **Roskilde Festival** die Ehre › Seitenblick rechts.

Juli: Dänische und internationale Stars, aber auch interessante Newcomer sind beim **Jazz Festival** in Kopenhagen zu Gast (www.jazz.dk).

Anfang August: Das **Skanderborg Festival** ist das zweitgrößte Musikfestival Dänemarks (www.smukfest.dk).

Ende August: Horsens verwandelt sich beim **Mittelalterfestival** in ein mittelalterliches Dorf mit Rittern, Pilgern und Mönchen (www.middelalderfestival.dk). Beim Festival **Copenhagen Cooking** dreht sich auf 100 Events alles um die neue Nordische Küche (www.copenhagencooking.dk).

Ende August/Anfang September: **Aarhus Festwoche** mit Kulturevents, Musik und Sport. Einige Veranstaltungen sind kostenlos (www.aarhusfestuge.dk).

September: Anfang des Monats findet in Aarhus das kulinarische **Food Festival** statt (www.foodfestival.dk).

SEITENBLICK

Rocken in Roskilde

Anfang Juli pilgern alljährlich etwa 100 000 Fans nach Roskilde zu einem der größten Musikfestivals Europas. Das Festival selbst ist nicht kommerziell: Der gesamte Gewinn geht an karitative Einrichtungen oder an kulturelle Projekte. Während der vier Festivaltage treten ca. 150 Bands auf, knapp 1000 freiwillige Helfer sorgen für den reibungslosen Ablauf. Eine traurige Ausnahme bildete das Jahr 2000, als bei einem Konzert von Pearl Jam neun Menschen zu Tode getrampelt wurden. Danach verstärkte man die Sicherheitsvorkehrungen; Jugendliche unter 15 Jahren dürfen nun nur noch in Begleitung Erwachsener auf das Festivalgelände. Weitere Infos: www.roskilde-festival.dk.

Essen & Trinken

Dem *morgenmad* (Morgenmahl) begegnen die Gäste in dänischen Hotels und Pensionen meist zwischen 7 und 10 Uhr in Form eines opulenten Frühstücksbuffets.

Von 12 bis 14 Uhr ist dann Zeit für *frokost,* was direkt übersetzt zwar Frühstück bedeutet, in der Praxis aber ein leichtes Mittagessen ist. Die Hauptmahlzeit heißt *middag,* Mittag, kommt aber meist am Abend zwischen 18 und 21 Uhr auf den Tisch; nur die einfachere, kalte Alternative heißt *aftensmad,* Abendessen.

Herzhaft bis süß

Die dänische Küche ist deftig. Huhn, Schweinefleisch oder Fisch werden meist gekocht und zusammen mit Kartoffeln, dicker Soße sowie Rotkohl, süßsauren Gurken oder Roter Bete serviert. Am Nachmittag gibt es zum Kaffee eines der Teilchen, die überall Kopenhagener oder Dänischer Plunder heißen, in Dänemark aber *wienerbrød* (Wiener Brot).

In Restaurants sorgen Einflüsse französischer Küche und beste Zutaten dafür, dass auch verwöhnte Gaumen befriedigt werden.

Unterhalb der Top-Gastronomie gibt es ein breites Angebot: Für rund 100 DKK servieren sogenannte Discountrestaurants schon ein sättigendes Drei-Gänge-Menü. Rindersteaks *(oksebøf),* Rinderhacksteaks *(hakkebøf)* sowie Lachs gehören zu den Standards.

Smørrebrød

Weltberühmter Klassiker der dänischen Küche ist das kunstvoll belegte »Butterbrot«: Auf eine Scheibe Grau- oder Weißbrot werden wahlweise und reichlich in ein oder zwei Schichten Krabben, Krebse, Fischfilets, Frikadellen, kleine Schweine-

---

! Erst-klassig

Typisch genießen

- **Ida Davidsen** in Kopenhagen: Bei der Königin des Smørrebrøds wird die geschmierte Stulle zum kulinarischen Hochgenuss. › S. 65
- Im **Nørrebro Bryghus** in Kopenhagen fühlen sich Bierliebhaber wohl; der Koch setzt den Gerstensaft immer wieder zur Verfeinerung der Speisen ein. › S. 65
- Wunderbare Gerichte mit Fischen und Krustentieren speist man bei **Rudolf Mathis** in Kerteminde auf Fünen. › S. 98
- Schlosshotel mit exzellenter Küche: der **Schackenborg Slotskro** in Møgeltønder. › S. 108
- Auf dem ehemaligen holländischen Schulschiff **Prinses Juliana** in Aalborg werden erlesene Fischspezialitäten kredenzt. › S. 141

Skandinavische Spezialitäten: belegte Butterbrote mit Fischfilet, Zwiebel, Radieschen

filets, Schinken oder was auch immer aufgetürmt und mit Kapern oder Zwiebelringen, Anchovis, Aspikstreifen, Radieschen oder Meerrettich garniert und mit einem Klecks Mayonnaise gekrönt.

Mit 1,40 m Länge und 178 Kombinationen schaffte der Bestellzettel eines heute nicht mehr existierenden Kopenhagener Smørrebrød-Lokals den Sprung ins Guinness-Buch der Rekorde.

Smørrebrød sind typische Frokost-, also Mittagsgerichte. Konkurrenz bekommen sie von kleinen warmen *(lune)* Tellergerichten, Salaten oder knusprigen Baguettes, die vor allem in den Bistros und Cafés der Städte offeriert werden.

Alkoholisches

Zu jeder Mahlzeit kann man in Dänemark Bier *(øl)* trinken, angeboten werden verschiedenste Marken und Sorten in Flaschen, seltener als Fassbier. Landesweit schenken Kneipen und Restaurants die Produkte der vereinigten Großbrauereien Carlsberg und Tuborg aus, meist auch noch die des letzten nennenswerten Konkurrenten Faxe sowie die ein oder andere lokale Bierspezialität. Pilsener ist Standardsorte, helle und dunkle Starkbiere *(guldøl, porter)* sind überall zu haben, manchmal auch alkoholreichere Jahrgangsbiere.

Die meisten Restaurants bieten gute Tischweine an, vorzugsweise trockene Weine aus Frankreich. Die üblichen Spirituosen schenkt jede Bar aus. Unter den heimischen Produkten sind Kümmelschnaps *(akvavit)* und der herbe Kräuterbitter Gammel Dansk hervorzuheben.

Die Kreidefelsen Møns Klint
auf der Insel Møn

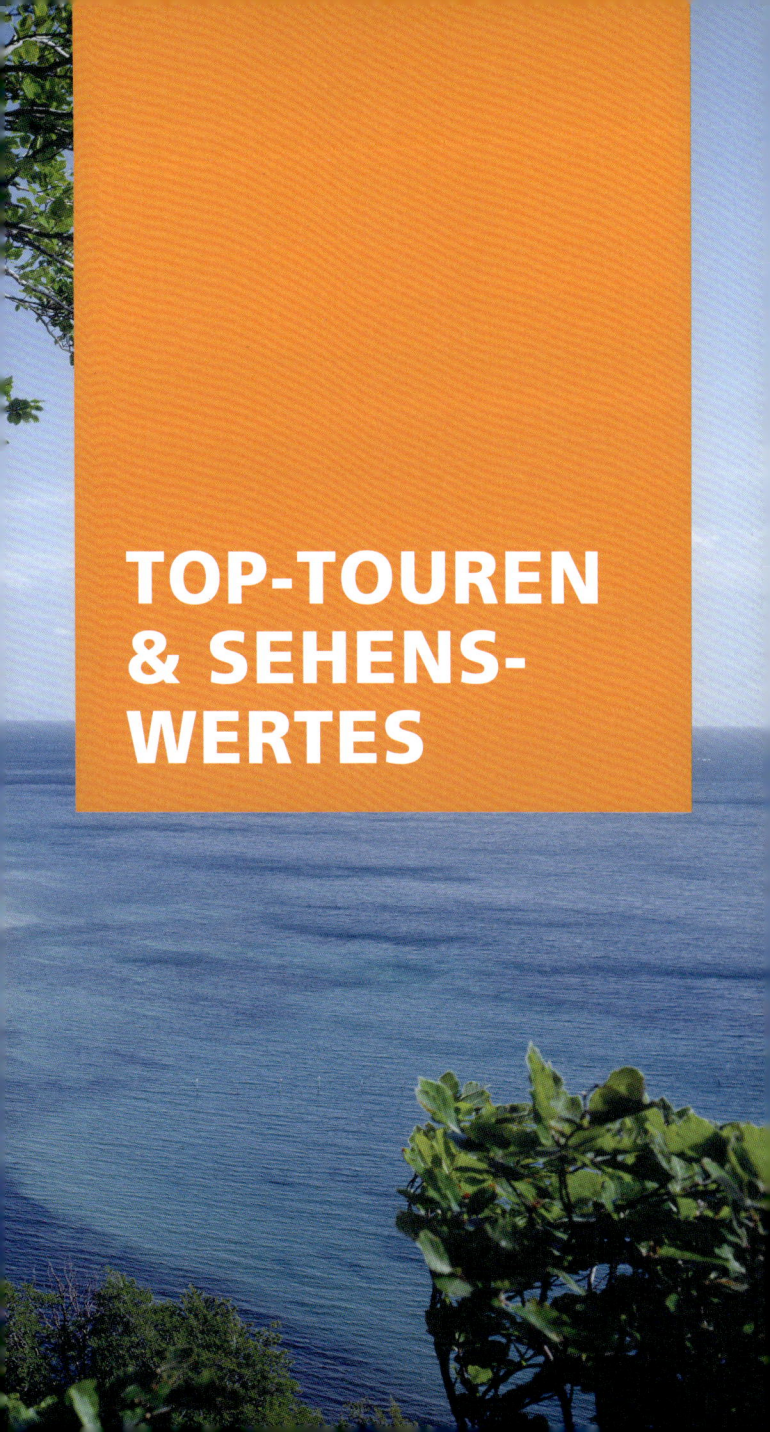

TOP-TOUREN & SEHENS-WERTES

KOPENHAGEN

Kleine Inspiration

- **Über ganz Kopenhagen blicken** im »Himmelskibet« im Tivoli-Park › S. 52
- **Die spannende Architektur der Stadt kennenlernen** bei einer Tour des Dansk Arkitektur Center › S. 57
- **Jurastein und Glas bestaunen** an der Kopenhagener Oper › S. 57
- **Einen Einkaufsbummel unternehmen** auf dem Strøget › S. 58
- **Ein Bier trinken** auf einer Restaurantterrasse am Nyhavn › S. 59
- **Eine Kanalrundfahrt unternehmen** mit einem Boot am Nyhavn › S. 59
- **Einen Cocktail trinken** bei Madam Chu am Gammel Strand › S. 66

Kopenhagen

Die gemütliche Hauptstadt Dänemarks liegt idyllisch am Wasser. Ihre Attraktionen reichen von den Schlössern der Könige über den Vergnügungspark Tivoli bis zu hippen Szene-Spots.

Dänemarks Hauptstadt glänzt als unumstrittene Metropole des Landes, ist Residenzstadt der Königin, Sitz von Regierung und Parlament, Medienzentrum, skandinavischer Verkehrsknotenpunkt sowie überragendes Wirtschafts- und Handelszentrum. Hier haben sich viele bekannte Unternehmen angesiedelt, etwa Bang und Olufsen oder die Königliche Porzellanmanufaktur, aber auch große Banken, Versicherungen sowie bekannte Firmen der Computerbranche. Durch Umwelt-, Biotechnologie- und Telekommunikationsfirmen entwickelt sich die Stadt in jüngster Zeit mehr und mehr zu einem Hightechzentrum. Mit den fusionierten Brauereien Tuborg und Carlsberg ist hier außerdem einer der größten Getränkekonzerne der Welt ansässig.

Kopenhagen ist aber keineswegs eine stimmungslose Industriestadt, im Gegenteil: Patinaveredelte Kupferdächer über rotem Backstein, ein Ring von Parks um das überschaubare Zentrum und immer wieder Wasser, Kanäle und Hafenbecken prägen das unverwechselbare Stadtbild. 1167 von Bischof Absalon durch den Bau einer Burg gegründet und 1417 von Erik VII. zur Residenzstadt gemacht, wurde Kopenhagen bis weit ins 19. Jh. hinein

Lebendig und bunt: der Nyhavn

durch Befestigungsanlagen eingeschnürt. Erst ab 1852 durfte außerhalb der Wälle gebaut werden, das historische Zentrum wirkt dadurch sehr kompakt und ist von besonderem Reiz.

Die meisten Sehenswürdigkeiten der Innenstadt sind gut zu Fuß erreichbar. Auch die Szeneviertel Vesterbro im Westen, Nørrebro und Fredriksberg im Nordwesten bzw. Norden sowie Christianshavn im Osten liegen nur wenige Gehminuten vom Zentrum entfernt. Außerdem ist das Nahverkehrssystem Kopenhagens Weltspitze: Nahezu jeder Punkt der Stadt ist leicht mit Bus oder Bahn erreichbar. Und die Fahrt mit der neuen, führerlosen Metro durch schick gestylten Stationen ist an sich schon ein Erlebnis.

Internationales Niveau haben die Theater- und Musikszene, allen voran der Jazz. Und seit Eröffnung der Neuen Oper ist auch die klassische Musik in Kopenhagen aufgeblüht.

Lage, Charme und das breite Kulturangebot machen die Stadt bei Einwohnern wie Touristen beliebt. Mehr als 7 Mio. Übernachtungen pro Jahr weist die Statistik aus. Zwar stehen mehr als 35 000 Hotelzimmer in der Hauptstadtregion zur Verfügung, doch während der Hauptsaison sind auch das zu wenige, und Kopenhagen ist in der Regel bis auf das letzte Bett ausgebucht.

Touren durch Kopenhagen

Tour 1 Vom Haupt-bahnhof nach Christianshavn

Route: Hauptbahnhof › Tivoli › Rathaus › Ny Carlsberg Glyptotek › Nationalmuseum › Slotsholmen › Christianshavn › Operahus

Karte: siehe Seite 54
Dauer: 4–5 Std. ohne Museen
Praktische Hinweise:
- Die meisten Museen sind montags geschlossen.
- In Christiania wird es nach wie vor nicht gern gesehen, wenn man Fotos macht. Die Angst, dass Zivilpolizisten Drogendeals fotografieren könnten, gibt es noch immer.
- Vom Operahus, dem Endpunkt des Spaziergangs, gelangt man bequem mit der Fähre (Havnebus) bzw. dem Bus nach Nyhavn.

Tour-Start:

Der Spaziergang führt zu den größten Sehenswürdigkeiten der Innenstadt, darunter auch zu den wichtigsten Museen.

Verlässt man den **Hauptbahnhof** (Hovedbanegård) **1**, muss man nur die Straße überqueren und steht schon am Eingang zum Tivoli.

Tivoli **2** ⭐ [b4]

Der Tivoli ist einer der bekanntesten Vergnügungsparks der Welt. Allerdings sind es nicht Todeslooping und Monsterkarussell, die seinen Reiz ausmachen, sondern sein eher beschauliches Flair. Hierher kommt man, um zu bummeln und zu flanieren. Eine Ausnahme ist das »Himmelskibet«. Es ist mit einer Höhe von 80 m eines der höchsten Karussells der Welt und zugleich Aussichtsturm mit herrlichem Blick über Kopenhagen. Die zwölf Gondeln wirbeln mit ca. 70 km/h durch die Luft. 2006 eröffnete das spektakuläre Salzwasseraquarium mit über 1600 Fischen. Besonders schön ist es abends, wenn im Sommer den Park etwa 120 000 Lichter und zur Weihnachtszeit sogar ca. zwei Millionen Lampen in ein romantisches Licht tauchen (www.tivoli.dk, Febr., Mitte März–Mitte Sept., 3. Woche Okt., Mitte Nov.–Ende Dez. je nach Wochentag und Saison unterschiedlich lang geöffnet).

Rathaus **3** [b4]

Als es der Architekt Martin Nyrop 1905 erbaute, soll ihm das Rathaus von Siena als Vorbild gedient haben. Über dem Hauptportal zeigt eine vergoldete Statue den Stadtgründer Bischof Absalon.

Attraktion im Inneren ist die Weltuhr von Jens Olsen. Vom Rathausturm, mit 105 m der höchste des Landes, bietet sich ein schöner Blick über die Altstadt. Neben dem Rathaus steht ein Denkmal des Märchendichters H. C. Andersen. (Rathaus: Mo–Fr 9–16, Sa 9.30 bis 13 Uhr.)

Herausragend ist die Antikensammlung der Ny Carlsberg Glyptotek

Ny Carlsberg Glyptotek 4 ★ [b4]

Das Museum in der Nähe des Rathausplatzes birgt die **!** größte Sammlung antiker Kunst in Nordeuropa. Hervorragend vertreten ist auch die franz. Malerei des 19. Jhs.: Degas, Delacroix und Monet sind nur einige berühmte Impressionisten, deren Werke man hier bewundern kann. Auch die Gauguin-Sammlung mit rund 50 Arbeiten des Künstlers ist beachtlich (Dantes Plads 7, www.glyptoteket.com, Di bis So 11–18, Do bis 20 Uhr).

Nationalmuseum 5 [b4]

Die Sammlungen des Nationalmuseet, des bedeutendsten kulturgeschichtlichen Museums des Landes, führen chronologisch durch die dänische Geschichte. Das Prunkstück ist der mehr als 3000 Jahre alte Sonnenwagen von Trundholm – die 60 cm große Skulptur eines Pferdes, das die Sonnescheibe zieht. Eine Abteilung widmet sich fremden Kulturen. Ein weiterer Ausstellungsbereich richtet sich hauptsächlich an Kinder (Prinzen Palais, Haupteingang Ny Vestergade 10, www. natmus.dk, Di–So 10–17, Kindermuseum bis 16.30 Uhr).

Slotsholmen ★ [c4]

Über den Frederiksholms Kanal führt die Marmorbrücke zu der Schlossinsel, dem Zentrum dänischer Macht, das voller Sehenswürdigkeiten ist. **Schloss Christiansborg** 6 [c4] beherbergt heute das Parlament, den Obersten Gerichtshof und die Königlichen Repräsentationsgemächer (Führungen). Besichtigt werden können zudem die 20 Pop-Gobelins, die Bjørn Nørgaard 1990 zum 50. Geburtstag von Königin Margrethe anfertigte.

Touren in Kopenhagen

Tour ①

Vom Bahnhof nach Christianshavn

1. Hauptbahnhof
2. Tivoli
3. Rathaus
4. Ny Carlsberg Glyptotek
5. Nationalmuseum
6. Schloss Christiansborg
7. Kutschenmuseum
8. Theatermuseum
9. Schlosskirche
10. Thorvaldsens Museum
11. Königliches Zeughaus – Tøjhus
12. Jüdisches Museum
13. Königliche Bibliothek
14. Børsen (Börse)
15. Dansk Arkitektur Center
16. Vor Frelsers Kirke
17. Freistaat Christiania
18. Operahus

Tour ②

Zur kleinen Meerjungfrau

19. Strøget
20. Amagertorv
21. Royal Copenhagen
22. Gråbrødretorv
23. Kongens Nytorv
24. Nyhavn
25. Hafenpromenade
26. Amalienborg
27. Marmorkirche
28. Kunstindustrimuseet
29. Frihedsmuseet
30. Kastellet
31. Kleine Meerjungfrau

Tour ③

Vom Rathausplatz zur Østre Anlæg

32. Vor Frue Kirke
33. Runde Tårn
34. Arbejdermuseet
35. Rosenborg Slot
36. Statens Museum for Kunst
37. Hirschsprungsche Sammlung
38. Assistens Kirkegård

Fælled Parken

Kongens Lyngby

Bleydamsvej

Classensgade

Østbanegade

Kristianiagade

Hellerup, Charlottenlund, Klampenborg

Indiakaj

Sortedams Sø

Østerbrogade

Sølvgade

Dan Hammerskjölds

Folke Bernadottes Allé

Bro

31

Yder- havnen

Farimagsgade

Hj. Brantings Pladsen

Østerport Station

Øster

Anlæg

Langelinie

P

30

Øster

Sølv-

37

3

M

Stockholmsgade

Øster Voldgade

Skt. Pauls Pl.

Store Kongensgade

2

Skt. Albans Kirke

29

Sølv- torvet

36

M

Botanischer

M

Sølvgade

Esplanaden

M

28

Garten

35

Borgergade

27

P

26

Amalien- have

Gothersgade

3

Øster

Kongens Have

Davids Samling

M

25

34

M

Nørregade

Gothersgade

Abenrå

Store Kongensgade

Bredgade

Sankt Annæ Plads

18

Nørreport Station

Nørreport

Hauser Plads

Gothersgade

Gl. Mønt

P

23

HOLMEN

Kul- torvet

Synagoge

Krystalgade

Universitäts- bibliothek

Købmagergade

33

22

19

Østergade

Charlotten- borg Slot

Nyhavn

24

Skuespilhuset

2

32

21

19

Nybrog.

Amagertorv

Bremerholm

M

Kongens Nytorv

Det Kongelige Teater

3

19

Gammel- torv

Vimmelskaftet

20

P

Niels Juels Gade

Havnegade

1

2

Nytorv

Rådhusstr.

Frederiksberggade

Gammel Strand

Holmens Kanal

9

10

M

Holmens- Børsgade

Holmens- kirke

15

Frederiksholm

Vindebrog.

Schloss Christiansborg

12

14

Knippels- bro

1

CHRISTIANS- HAVN

32

Strømg.

7

8

Ny Vestergade

SLOTSHOLM

Christianshavn

Sankt Annæ Gade

Vantet

Andersen

3

5

Holmens Kanal

11

13

Torvegade

16

17

1

Dantes Plads

Christians Brygge

Kongens Nytorv

2

4

Inderhavnen

Overgaden

Stadsgraven

Boulevard

Kalvebod Brygge

Langebro

Amager Bld.

Stads- graven

Christmas Møllers Plads

P

Das Schloss ist das fünfte an dieser Stelle. Vom ältesten Bau, der Burg Absalons, sind noch Fundamente im Keller unter dem Turm zu besichtigen. Im Seitenflügel an der Reitbahn ist ein **Kutschenmuseum 7** [c4] und im ehemaligen Hoftheater ein **Theatermuseum 8** [c4] untergebracht. Die neoklassizistische **Schlosskirche 9** [c3] wurde nach einem Brand 1992 restauriert (www.christiansborg.dk).

Dem im 19. Jh. hochgeschätzten klassizistischen Bildhauer Bertel Thorvaldsen ist das **Thorvaldsen Museum 10** [c3] gewidmet (www.thorvaldsensmuseum.dk, Di–So 10 bis 17 Uhr). Vom Museum Richtung Zentrum hat man beim Blick auf Gammel Strand eine der schönsten Stadtansichten.

Die Fassade der Königlichen Bibliothek ist aus schwarzem Granit

Königliches Zeughaus – Tøjhus 11 [c4]

Die Militärausstellung in der 156 m langen Zeughaushalle, der größten Halle aus der Renaissancezeit, zeigt Schwerter, Rüstungen, Uniformen, Handfeuerwaffen und Kanonen (www.thm.dk, Di–So 10–17 Uhr).

Jüdisches Museum 12 [c4]

Daniel Libeskind baute 2004 eine alte Schiffshalle aus dem 17. Jh. zu einem neokubistischen Meisterwerk um. Die Ausstellung ist dem Alltagsleben und der Geschichte der dänisch-jüdischen Gemeinde gewidmet (www.jewmus.dk, Juni bis Aug. Di–So 10–17, sonst Di–Fr 13–16, Sa, So 12–17 Uhr).

Königliche Bibliothek 13 [c4]

Die zum Hafen gewandte Seite der Schlossinsel begrenzt u. a. die Königliche Bibliothek, deren historisierender Altbau Ende des 20. Jhs. einen imposanten, modernistischen Glasanbau bekam. Im Volksmund wird er »Schwarzer Diamant« genannt. Daneben erhebt sich eines der schönsten Renaissancegebäude Europas, **Børsen 14** [c4], die einstige Börse. Ihr 54 m hoher Turm stellt vier ineinander verdrehte Drachenschwänze dar.

Christianshavn [d4]

Das Viertel auf der Insel Amager bezaubert mit idyllischen Kanälen und schönen alten Häusern. Der Stadtteil, im 17. Jh. von König Christian IV. (1588–1648) gegründet, war einst ein Arbeiterviertel. Heute leben hier Künstler und Hippies in Nachbarschaft mit Geschäftsleuten und Yuppies.

Hier präsentiert das **Dansk Arkitektur Center** [d4] wechselnde Architekturausstellungen (www.dac.dk, Mo–So 10–17, Mi bis 21 Uhr, Mi 17–21 Uhr freier Eintritt). Im kleinen Café kann man sich anschließend mit hübschem Blick aufs Wasser stärken. Überragt wird das Viertel vom 90 m hohen Turm der **Vor Frelsers Kirke** [d4] (St. Annægade), den man über die markante, sich außen emporschlängelnde Wendeltreppe besteigen kann.

Freistaat Christiania 17 [d4]

Seit 1971 existiert der Freistaat Christiania, ein von Hausbesetzern aufgebautes und von den Behörden toleriertes »soziales Experiment«. Heute ist Christiania auch eine Touristenattraktion. Eine Million Besucher bummeln jährlich durch das Viertel. Seit 1991 zahlen seine Bewohner auch Miete – allerdings deutlich weniger als in Kopenhagen üblich. Immer wieder wird über die Räumung des Gebiets diskutiert, gelegentlich kommt es auch zu Krawallen. Wirtschaftliche Gründe spielen dabei durchaus eine Rolle, gehört das Areal doch zu den Filetstücken der Hauptstadt.

Operahus 18 ⭐ [d3]

Über die Brücken Trangravsbroen und Proviantbroen gelangt man zum im Norden gelegenen ehemaligen Flottenstützpunkt Holmen auf der gleichnamigen Insel. Zwischen den rund 40 denkmalgeschützten Bauten aus drei Jahrhunderten er-

scheint Kopenhagens neue Oper, die 2005 eröffnet wurde, wie von einem anderen Stern. Die kühne Konstruktion aus Jurastein und Glas des dänischen Stararchitekten Henning Larsen (1925–2013) ist ein Geschenk des Großreeders und Erdölmoguls Maersk McKinney Møller. Das in Sichtachse zum Schloss Amalienborg errichtete Haus erstreckt sich über 14 Etagen, fünf davon unter der Erde (Tickets: Ekvipagemestervej 10, Tel. 33 69 69 69, www.kglteater.dk. Für Führungen muss man sich vorher online anmelden).

Für den Rückweg bietet sich der Havnebus (Hafen-/Wasserbus) der Linie 991 an, der alle 20 Minuten in die Innenstadt fährt.

Tour 2 Zur kleinen Meerjungfrau

Route: **Strøget › Kongens Nytorv › Nyhavn › Amalienborg › Kastellet › Kleine Meerjungfrau**

Karte: siehe Seite 54
Dauer: 4 Std. ohne lange Shopping-Stopps und Kneipenpause
Praktische Hinweise:
• Am Samstag ist die Fußgängerzone Strøget übervoll von Menschen, von entspanntem Einkaufen kann dann nicht die Rede sein.
• Die Statue der kleinen Meerjungfrau liegt relativ weit außerhalb; wer dorthin nicht laufen möchte, kann die S-Bahn bis zur Station Østerport oder den Bus (Linie 1A oder 26) nehmen.

Der Amagertorv ist ein Highlight der Shoppingmeile Strøget

Tour-Start:

Dieser Spaziergang führt durch die Einkaufsstraße Strøget zu den schönsten Plätzen Kopenhagens. Nyhavn mit seinen Restaurants ist der ideale Ort für eine Pause. Um Enttäuschungen vorzubauen: Die kleine Meerjungfrau ist wirklich sehr klein – sie ist zwar die meistfotografierte Sehenswürdigkeit der Stadt, aber eher unspektakulär.

Strøget 19 [c3–c4]

Am Rathausplatz beginnt die Fußgängerzone Strøget, der »Strich«. Über 1,8 km zieht sich die aus Straßen und Plätzen bestehende Flanier- und Einkaufsmeile durch die Stadt. Mittelpunkt ist der **Amagertorv** 20 ★ [c3]. Direkt am Platz bietet die berühmte Porzellanmanufaktur **Royal Copenhagen** 21 [c3] eine Filiale mit Museum (Nr. 6, www.royalcopenhagen.com, Mo–Fr 9.30–17, Sa 10–18 Uhr

Schön und voller Leben ist der romantische Platz **Gråbrødretorv** 22 [b3] ★, den Kneipen und Restaurants wie das Le Pavé säumen (Nr. 14, Tel. 33 13 47 45, www.lepave.dk).

Shopping

An der Nordseite des Amagertorv verbirgt sich ein Luxus-Einkaufsparadies hinter einer Renaissancefassade: **Illums Bolighus** (Nr. 10, www.illumsbolighus.dk) bietet erstklassiges Möbeldesign. **50 Dinge** 33 › S. 16. Bei der Silberschmiede **Georg Jensen** (Nr. 4, www.georgjensen.com) gibt es u. a. schönen Schmuck.

Kongens Nytorv 23 [c3]

Strøget selbst trifft schließlich auf den Kongens Nytorv, einen großzügig angelegten Platz, an dem u. a. das Königliche Theater, erbaut 1874, und Schloss Charlottenborg im Stil des niederländischen Barock zu finden sind. Letzteres ist seit 1753 Sitz der Kunstakademie.

Nyhavn 24 ⭐ [c3–d3]

An den Platz stößt der malerische Stichkanal Nyhavn. Mit seinen bunten Häusern gehört er zu den meistfotografierten Orten Kopenhagens. Ein Restaurant reiht sich ans andere, und im Sommer, wenn die Tische vor der Türe stehen, trifft sich hier halb Kopenhagen auf ein Bier oder zum Abendessen im Sonnenschein. Bis in die 1970er-Jahre hinein war Nyhavn eine verrufene Gegend. H. C. Andersen liebte dieses Viertel trotzdem und wohnte zeitweise in den Häusern Nyhavn 18, 20 und 67. Von Nyhavn fahren die Boote für die **Kanalrundfahrten** ab, am Ende des Kais (auf der »Schattenseite«) die Wasserbusse.

Hafen-promenade 25 ⭐ [d3]

Zu einem Schmuckstück hat sich in den letzten Jahren die Hafenpromenade entwickelt. Einen beeindruckenden Kornspeicher von 1780 nutzt jetzt das **Copenhagen Admiral Hotel** › S. 64, und vor dem Westindischen Packhaus von 1781 steht eine 6 m hohe Bronzekopie von Michelangelos David. Innen zeigt die weltweit einzigartige **Den Kongelige Afstøbningssamling** (Königliche Abgusssammlung) ca. 2000 Gipskopien berühmter Skulpturen vom alten Ägypten bis zum 17. Jh. (Di–So 11 bis 17, Mi bis 20 Uhr).

Amalienborg 26 ⭐ [d2–d3]

Der moderne Park Amalienhave trennt die Hafenpromenade von Schloss Amalienborg, der Residenz der königlichen Familie. Das Christian VIII.-Palais ist als »Glücksburger-Museum« zugänglich, das die Fortsetzung der Rosenborgsammlungen ab der Epoche Christians IX. (1863–1906) bildet. An dem 12 m hohen Reiterstandbild König Frederiks V. arbeitete der französische Künstler Jacques François Saly 17 Jahre. Ist die Königin anwesend, weht über ihrem Domizil die dänische Flagge, und um 12 Uhr findet die tägliche Wachablösung auf dem Schlossplatz zusätzlich mit großem Zeremoniell statt.

Marmorkirche 27 [c2]

An der Marmorkirche bzw. Frederikskirke wurde fast 150 Jahre gebaut, weil erst 1894 ein bürgerlicher Sponsor die Mittel aufbrachte, sie fertigzustellen – kleiner als geplant und mit viel mehr Kalkstein als Marmor. Ursprünglich sollte sie größer werden als der Petersdom.

Designmuseum 28 [d2]

Das 1890 als Kunstindustriemuseum gegründete Haus präsentiert

Kanalrundfahrten starten am Nyhavn

Die Skulptur der Kleinen Meerjungfrau ist inspiriert von Andersens Märchen »Lille Havfrue«

dänisches Handwerk und Design vom Spätmittelalter bis zur Gegenwart sowie eine hervorragende Sammlung japanischen Kunsthandwerks (www.designmuseum.dk, Di bis So 10–18, Mi bis 21 Uhr).

Frihedsmuseet 29 [d2]

Das Museum des dänischen Widerstands gegen die deutsche Besetzung während des Zweiten Weltkriegs wurde 2013 durch ein Feuer zerstört, doch die Exponate konnten gerettet werden. Gegenwärtig wird ein neues Museumsgebäude errichtet, das voraussichtlich Ende 2019 fertiggestellt sein wird.

Vor den Wällen des **Kastellet** 30 [d1], eine in den 1990er-Jahren rekonstruierte Festung aus dem 17. Jh., imponiert der 1909 von Anders Bundgaard geschaffene **Gefions-Brunnen** neben der englischen St.-Albans-Kirche.

Kleine Meerjungfrau 31 ★ [d1]

Für alle, die sie nur als bildfüllendes Fotomotiv kennen, sitzt die Meerjungfrau als überraschend kleines Persönchen am Ufer des Langeliniekajs, an dem sonst Kreuzfahrtschiffe ankern. Gerade mal 125 cm misst das Wahrzeichen Kopenhagens. Edvard Eriksen schuf die Bronzeskulptur 1913 nach Andersens Märchenfigur als zarte Frau. Modell für den Kopf stand ihm eine damals berühmte Balletttänzerin, für den Körper nahm der Bildhauer den seiner eigenen Frau als Vorbild. Mehrmals in ihren über 100 Lebensjahren wurde die kleine Meerjungfrau von Vandalen beschädigt oder gar gestohlen. Glücklicherweise steht hier immer nur eine Kopie des Originals, das die Erben des Bildhauers an einem geheimen Ort verstecken. **50 Dinge** 34 › S. 16.

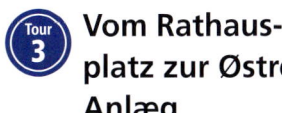

Vom Rathausplatz zur Østre Anlæg

Route: Rådhusplads › Vor Frue Kirke › Runde Tårn › Arbejdermuseet › Rosenborg Slot › Statens Museum for Kunst › Hirschsprungsche Sammlung

Karte: siehe Seite 54
Dauer: 3 Std. reine Gehzeit
Praktische Hinweise:
- Rosenborg Slot hat häufig, das Statens Museum for Kunst immer montags geschlossen, die Hirschsprungsche Sammlung Mo und Di.
- Der Park Østre Anlæg ist bei schönem Wetter der ideale Ort für ein Picknick.

Tour-Start:

Der Spaziergang führt zu einigen weniger bekannten Schenswürdigkeiten wie dem sehr lohnenden Arbeitermuseum, aber auch zu Highlights wie Schloss Rosenborg und dem Kunstmuseum. Nebenbei passiert man spannende Geschäfte und Boutiquen. Diese Tour ist eine ideale Kombination aus Sightseeing und Shopping.

Vor Frue Kirke 32 [b3]

Vom **Rådhusplads** (Rathausplatz) sind es nur wenige Meter über Strøget zum Gammel Torv mit dem verspielten Caritasbrunnen von 1608. In Richtung Norden gelangt man zur klassizistischen Vor Frue Kirche (Liebfrauenkirche), dem Dom der Stadt. Blickfang im schlicht gehaltenen Inneren ist die Jesusstatue (1839) in der Apsis, die ihre Arme den zwölf marmornen Jüngern entlang dem Hauptschiff entgegenzustrecken scheint, alles Werke des dänischen Bildhauers Bertel Thorvaldsen. Im Mai 2004 heiratete hier Kronprinz Frederik die Australierin Mary Donaldson.

Runde Tårn 33 ⭐ [b3]

Zu den unter Christian IV. entstandenen Bauten gehört der Runde Turm in der Købmagergade. Über eine Länge von 209 m windet sich im Innern eine Rampe hinauf zur Spitze mit der kleinen Sternwarte, nur die letzten Meter zur Aussichtsplattform muss man Treppen steigen. Der Grund für den Verzicht auf Stufen: Es sollte möglich sein, die schweren Bücher und Instrumente in einem Wagen zum Observatorium zu transportieren.

Arbejdermuseet 34 ⭐ [b2]

Einmal nichts mit königlichen Erinnerungsstücken zu tun hat das Arbeitermuseum. Beispielhaft für moderne Volkskunde führt es das Leben der Arbeiterklasse im späten 19. Jh. und 20. Jh. vor Augen. Das Museum befindet sich in einem ehemaligen Arbeiterversammlungshaus von 1879. Im großen Sitzungssaal, der heute für Theatervorstellungen, Konferenzen u. Ä. genutzt wird, hat schon Rosa Luxemburg gesprochen (www.arbejdermuseet.dk, tgl. 10–16, Mi bis 19 Uhr).

Nach dem Museumsbesuch kann man in der Arbeiterbierstube **Café &**

Die Goldkrone von Rosenborg Slot

Ølhalle von 1892 Speisen und Getränke wie in alten Tagen genießen.

Rosenborg Slot 35 ⭐ [c2]

Am Rande der Grünanlage Kongens Have steht Rosenborg Slot. 1606–1617 im Stil der niederländischen Renaissance errichtet, beherbergt es Zimmer, die an die Regen-

SEITENBLICK

Nørrebro [a2]
Der nordwestlich des Zentrums gelegene Stadtteil hat sich zu einem der beliebtesten Ausgehviertel der Stadt entwickelt. Bevor man sich ins Nachtleben stürzt, sollte man sich aber noch **Assistens Kirkegård** 38 [a2] ansehen. Auf dem parkähnlichen, kulturhistorischen Assistenzfriedhof fanden einige bekannte Dänen ihre letzte Ruhestätte, so der Philosoph Søren Kierkegaard, der Schriftsteller Martin Andersen Nexø, der Physik-Nobelpreisträger Niels Bohr und der Märchendichter H. C. Andersen (Kapelvej 2, im Sommer tgl. 7–22, Okt.–März bis 19 Uhr).

ten von Christian IV. (ab 1588) bis Frederik VII. (bis 1863) und deren Stilepochen erinnern. Hier sind auch die Kronjuwelen ausgestellt, u. a. die Goldkrone, mit der zwischen 1670 und 1839 alle Könige gekrönt wurden. Sie hat ein Gesamtgewicht von 2080 g und ist mit zwei geschliffenen Granatedelsteinen sowie zwei Saphiren besetzt (www.rosenborgslot.dk, 16. Juni bis 15. Sept. 9–18, 17. April–15. Juni, 16. Sept.–31. Okt. 10–16 (April Mo geschl.), 1. Nov.–22.12., 2. Jan. bis 16. April Di–So 10–15 Uhr).

Statens Museum for Kunst 36 ⭐ [b2–c2]

Jenseits der Kreuzung von Øster Voldgade und Solvgade erstreckt sich im Park **Østre Anlæg** der Komplex des staatlichen Kunstmuseums. Es präsentiert das Kupferstichkabinett sowie ❗ Malerei und Plastik seit dem 14. Jh., von den Skagen- und Fünen-Malern über Cranach und Tizian bis zu Nolde und Picasso (www.smk.dk, Di–So 11–17, Mi bis 20 Uhr, Eintritt frei). Kinder lernen im angeschlossenen **Børnenes Kunstmuseum** in kindgerechten Ausstellungen Kunstwerke kennen und können eigene erschaffen (nur bis 16.30 Uhr geöffnet, Eintritt frei).

Hirschsprungsche Sammlung 37 [b2–c2]

Etwas nördlich vom Kunstmuseum zeigt die Sammlung v. a. bedeutende Werke dänischer Malerei des 19. und frühen 20. Jhs., dazu kommen Sonderausstellungen (www.hirschsprung.dk, Mi–So 11–16 Uhr).

 # Durch die westlichen Viertel

Route: Hauptbahnhof › Tycho Brahe Planetarium › Frederiksbergs Have › Carlsberg-Brauerei

Karte: siehe Seite 64
Dauer: 4 Std.
Praktische Hinweise:
- Mit dem Planetarium und dem Zoo stehen gleich zwei große Attraktionen für Kinder auf dem Programm.
- Im Stadtteil Vesterbro bieten sich viele Gelegenheiten für den Kaffee zu Beginn wie für ein gutes Essen zum Ausklang der Tour.

Tour-Start:

Vesterbro ist das Kreuzberg Kopenhagens. Wo früher die Fleischer wohnten, haben heute Einwanderer, Studenten und Künstler eine preisgünstige Bleibe gefunden. In den letzten Jahren hat sich eine lebhafte Kneipen- und Kunstszene entwickelt, und allmählich entdecken die Besserverdiener das zentral gelegene Viertel für sich. Unmittelbar an Vesterbro schließt Frederiksberg an. Obwohl nur wenige Kilometer vom Stadtzentrum Kopenhagens entfernt, ist Frederiksberg eine eigenständige Stadt.

Tycho Brahe Planetarium 39

Das futuristisch anmutende Planetarium ist mit modernster Technik ausgestattet. Auf der 1000 m² großen

Leinwand werden Sternreisen geboten, aber auch Filme im IMAX-Format und 3D-Kino (www.planetariet.dk, Mo 9–19.10, Di–Do ab 9.30 bis 19.10, Fr, Sa 10.30–20.30, So 10.30–19.10 Uhr).

Københavns Museum 40

Das Museum zur Stadtgeschichte ist derzeit geschlossen und soll im Laufe von 2018 in einen Neubau in der Stormgade umziehen. Es wird die Entwicklung der Stadt von den Anfängen bis hin zu Projektionen in die Zukunft zeigen (https://cphmuseum.kk.dk).

Frederiksbergs Have

Der Park ist die größte Sehenswürdigkeit von Frederiksberg. Das gleichnamige Schloss dient heute als Militärakademie. Sehenswert ist der moderne **Zoo** 41, etwa das Elefantenhaus, das Stararchitekt Norman Foster gestaltet hat (www.zoo.dk, Ende Juni–Anfang Aug. tgl. 10 bis 20, sonst mind. bis 16 Uhr).

Carlsberg-Brauerei 42

Die Gebäude der Brauerei sind Beispiele für die Industriearchitektur Ende des 19. Jhs. Das **Besucherzentrum** dagegen liegt in Valby, südlich von Federiksberg (Gamle Carlsberg Vej 11, Kopenhagen, www.visitcarlsberg.dk, tgl. 10–17 Uhr).

Info

Copenhagen Visitor Centre
Zentrale Tourist-Information.
- Vesterbrogade 4 B | Tel. 70 22 24 42
  touristinfo@woco.dk
  Mo–Fr 9–17, Sa bis 16 Uhr

Wonderful Copenhagen
- Nørregade 7B | Tel. 33 25 74 00
  www.visitcopenhagen.com
  (mit Eventkalender)

Verkehrsmittel

- Die meisten Sehenswürdigkeiten erreicht man bequem zu Fuß oder mit einem der Fahrräder, die man überall im Zentrum gegen geringe Gebühr ausleihen kann. Kopenhagen verfügt über ein hervorragend ausgebautes öffentliches **Nahverkehrssystem** aus Stadtbussen, U- und S-Bahnen. Hierfür gibt es günstige Mehrfach- *(Rabattkort)* und 24-Std.-Netztickets. Ausgebaut werden die Linien der vollautomatischen U-Bahn (Minimetro; tgl. 5–1 Uhr). Die internationale Metrorail-Konferenz erklärte 2010 Kopenhagens U-Bahn zur besten der Welt.
- Für den **Transfer vom Flughafen** zum Zentrum benötigt die Metrolinie 2 ca. 15 Minuten. Der Flughafen ist auch an das Bahn- und S-Bahn-Netz angeschlossen. Vom Bahnhof und von wichtigen Hotels verkehren außerdem Bus-Shuttles.
- Die **CPHCard** für 24, 48, 72 oder 120 Std. (Erw. 53, 74, 89, 120 €, Kinder 10–15 Jahre 27, 38, 45, 61 €) gewährt u. a. freie Fahrt mit Bussen und (U-)Bahnen, freien Eintritt in 72 Museen und Rabatt in bestimmten Restaurants, Autovermietungen, Sehenswürdigkeiten und Geschäften (Onlinekauf möglich unter www.copenhagencard.de).

Hotels

Copenhagen Admiral Hotel €€€
Ausgezeichnetes Hotel in einem alten Lagerhaus von 1780: viel Atmosphäre direkt am Hafen.
- Tolboldgade 24–28 | Kopenhagen Tel. 33 74 14 14 | www.admiralhotel.dk

Radisson Blu Royal Hotel €€€
Hotel im Stil der 1960er-Jahre, behutsam modernisiert. Zimmer 606 wurde

Tour in Kopenhagen

Tour 4
Durch die westlichen Viertel

- **39** Tycho Brahe Planetarium
- **40** Københavns Museum
- **41** Zoo
- **42** Carlsberg-Brauerei

im Design von Dänemarks Stararchitekt Arne Jacobsen belassen.
• Hammerichgade 1 | Kopenhagen
  Tel. 33 42 60 00 | www.radissonblu.dk

Scandic Palace Hotel €€€
Luxushotel im Zentrum. Herrlich sind die Mosaiken im Turm.
• Rådhuspladsen 57 | Kopenhagen
  Tel. 33 14 40 50
  www.scandichotels.com

Carlton Guldsmeden €€–€€€
Asiatisch inspirierte Einrichtung; die Zimmer teilweise mit Balkon.
• Vesterbrogade 66 | Kopenhagen
  Tel. 33 22 15 00
  www.guldsmedenhotels.com

Ibsens Hotel €€–€€€
Gemütliches Stadthotel mit individuellem Service in zentraler, schöner Lage.
• Vendersgade 23 | Kopenhagen
  Tel. 33 45 77 44 | www.ibsenshotel.dk

Cabinn City €
Ordentliches Hotel, das zudem zentral und in Hafennähe gelegen ist.
• Mitchellsgade 14 | Kopenhagen
  Tel. 33 46 16 16 | www.cabinn.com

Danhostel Copenhagen City €
Größte Cityjugendherberge Europas mit mehr als 1000 Betten. Im Stadtkern nahe beim Hauptbahnhof.
• H. C. Andersens Boulevard 50
  Kopenhagen | Tel. 33 11 85 85
  www.danhostel.dk

Restaurants
Els €€€
Hervorragende dänische und französische Küche; sehr romantisch.

Radisson Blue Royal Hotel

• Store Strandstræde 3 | Kopenhagen
  Tel. 33 14 13 41
  www.restaurant-els.dk
  Mo–So 11.30–22.00 Uhr

Kong Hans Kælder €€€
Gehört seit Jahren zur Topgastronomie.
• Vingårdsstræde 6 | Kopenhagen
  Tel. 33 11 68 68 | www.konghans.dk
  Mo–Sa 18–24, Küche bis 22.30 Uhr

Halifax €€
Gourmet-Burger in quirliger Atmosphäre.
• Trianglen 1 | Kopenhagen
  Tel. 82 30 43 03 | www.halifax.dk
  So–Do 11.30–22, Fr, Sa bis 23 Uhr

Ida Davidsen €€
Die ❗ Smørrebrød sind längst legendär.
• St. Kongensgade 70 | Kopenhagen
  Tel. 33 91 36 55
  https://idadavidsen.dk
  Mo–Fr 10.30–17, Küche bis 16 Uhr

Nørrebro Bryghus €€
In der Mikrobrauerei kann man verschiedenste selbst gebraute Biersorten

probieren. Im ⚠ *ølmenu* im Restaurant
ist das Bier inklusive.
- Ryesgade 3 | Kopenhagen
  Tel. 35 30 05 30
  www.noerrebrobryghus.dk
  Mo–Do 12–23, Fr, Sa bis 1, So bis
  22 Uhr

Peder Oxe €€
Eine gastronomische Institution: Fleisch-
spezialitäten, köstliches Salatbuffet.
- Gråbrødretorv 11 | Kopenhagen
  Tel. 33 11 00 77 | www.pederoxe.dk
  So–Mi 11–23.30, Do–Sa bis 24 Uhr

Palæo €€
Kreative Küche gemäß der Paleo-Diät.
- Pilestræde 32 | Kopenhagen
  Tel. 33 98 69 69 | www.palaeo.dk
  Mo–Fr 8–20, Sa 9–19, So bis 17 Uhr

Spiseloppen Christiania €€
Ausgezeichnete Küche in einem alten
Depotgebäude am Rand von Christiania.
- Bådmandstræde 43 | Kopenhagen
  Tel. 32 57 95 58 | www.spiseloppen.dk
  Mai–Dez. Di–Sa 17–23.30, sonst Di
  bis Do 17–22.30, Fr, Sa bis 23 Uhr,
  warme Küche bis 21 bzw. 21.30 Uhr

Nightlife
Jeweils rund drei Dutzend Lokale bewir-
ten in den Vergnügungsparks Bakken
und Tivoli. Weniger touristisch ist das
Viertel Nørrebro › **S. 62** mit schönen
Restaurants und netten Szenekneipen.

Centralhjørnet
Die erste Gay-Kneipe der Stadt eröffnete
bereits 1917.
- Kattesundet 18 | Kopenhagen
  Tel. 33 11 85 49
  www.centralhjornet.dk

Copenhagen JazzHouse
Traditionsreicher Treff der Jazzszene.
- Niels Hemmingsensgade 10
  Kopenhagen | Tel. 33 15 47 00
  www.jazzhouse.dk

Madam Chu
Szenige Cocktailbar im Shanghai-Stil
des frühen 20. Jhs.
- Gammel Strand 40 | Kopenhagen
  Tel. 69 69 20 24 | www.madamchu.dk

Mojo Blues Bar
Authentische Jazz- und Bluesbar.
- Løngangstræde 21C | Kopenhagen
  Tel. 33 11 64 53 | www.mojo.dk

Sjus Bar
Gute Musik, günstiges Bier, junge Leute.
- Pilestræde 44 | Kopenhagen
  Tel. 33 15 48 80 | www.sjusbar.dk

Sofiekælderen
Bar und Klub mit DJs und Livemusik.
- Ovengaden Oven Vandet 32
  Kopenhagen | Tel. 32 57 77 01
  www.sofiekaelderen.dk

Shopping
Asfalt
Junge Mode von Hanne Zachariassen.
- Arne Jacobsens Allé 12 (im Fields
  Designstore) | Kopenhagen
  www.asfalt.bigcartel.com
  Tgl. 10–20 Uhr

Bitte Kai Rand
Hochwertige dänische Mode.
- Lille Strandstræde 22
  Kopenhagen
  www.bittekairand.dk

Neptunbrunnen vor Schloss Frederiksborg

SEELAND UND LOLLAND

Kleine Inspiration

- **Einen Rundgang unternehmen** durch Park, Museum und Schloss Frederiksborg › S. 72
- **Jenseits von Afrika entdecken** im Karen-Blixen-Museum › S. 72
- **Den Spuren Hamlets folgen** im Schloss Kronborg in Helsingør › S. 73
- **Sich auf eine Zeitreise begeben** zu den Wikingern in Roskilde › S. 76
- **Entlangwandern** an den Kreidefelsen von Møn › S. 82

Das Kopenhagen der Könige prägt mit einer Vielzahl prächtiger Schlösser auch die Insel Seeland. Weiter im Süden kommen auf Møn, Falster und Lolland vor allem Naturfreunde und Strandurlauber auf ihre Kosten.

Seeland (Sjælland) ist die Hauptinsel Dänemarks. Nirgends im Königreich wohnen so viele Menschen wie hier. Kein Wunder, denn auf Seeland liegt auch die Hauptstadt Kopenhagen. Als Urlaubsgebiet eignet sich die Region v. a. für Besucher, die sich für Kunst und Kultur interessieren. Louisiana, das Museum für Moderne Kunst in Humlebæk, ist eines der schönsten seiner Art in Europa. Helsingør wartet mit seiner romantischen Altstadt und mit dem »Hamletschloss« Kronborg auf. Hamlet – den Shakespeare in seinem Drama einem dänischen Prinzen nachempfand – war zwar ebenso wenig auf Kronborg wie der Schriftsteller selbst, doch das tut dem Bekanntheitsgrad des Schlosses keinen Abbruch. Generell ist die Insel das Land der Schlösser und Burgen. Abgesehen von den Schlössern in Kopenhagen sind vor allem Fredensborg und Frederiksborg erwähnenswert. Letzteres gilt als schönstes Renaissanceschloss des Landes und beheimatet heute das Nationalhistorische Museum. Die Schlösser im Süden von Seeland sind zwar weniger spektakulär als im Norden. Dafür gibt es hier viele nette Städtchen, die den typisch dänischen Charme ausstrahlen. Ideal ist Seeland für Urlauber, die Südschweden mit in ihr Besuchsprogramm aufnehmen wollen. Seit dem Bau der Øresundbrücke lässt sich ein Ausflug ins Nachbarland problemlos mit den Ferien in Seeland verbinden.

Die Inseln Lolland und Falster sind durch eine Brücke mit ihrer nördlichen Schwester verbunden. Hier sucht man vergebens nach spektakulären Attraktionen, und auch gute Badestrände sind rar gesät, doch es sind Kleinigkeiten wie die mittelalterlichen Landkirchen oder die Ganggräber von Glentehøj und Kong Svends Høj, die unvergessliche Erlebnisse bereiten. Und dann ist da noch die kleine Insel Møn, die mit ihrer spektakulären Kreideküste ein echtes Highlight ist.

Schloss Frederiksborg: Audienzsaal

Touren in der Region

 ## In den Norden Seelands

> **Route:** **Kopenhagen › Louisiana › Helsingør › Fredensborg › Frederiksborg › Roskilde › Kopenhagen**
>
> **Karte:** siehe Seite 70
> **Dauer:** 2–3 Tage
> **Praktische Hinweise:**
> - Schloss Kronborg ist in der Nebensaison montags geschlossen.
> - Schloss Fredensborg kann nur im Juli im Rahmen einer Führung besichtigt werden.

Tour-Start:

Von Kopenhagen passiert man in Richtung Norden den **Vergnügungspark Bakken** **1** › S. 71 und das **Karen-Blixen-Museum** **5** › S. 72, begleitet von schönen Blicken auf den Øresund. In Humlebæk erwartet einen dann das Museum für Moderne Kunst **Louisiana** **6** › S. 72, europaweit eines der besten seiner Art. In **Helsingør** **8** › S. 73 locken die Altstadt und das UNESCO-Weltkulturerbe Schloss Kronborg. Es folgen zwei weitere sehenswerte Schlösser, **Fredensborg** **7** › S. 73 und v. a. **Frederiksborg** **4** › S. 72, bevor schließlich **Roskilde** **15** › S. 76 erreicht wird. Die alte Königsstadt lohnt einen längeren Aufenthalt. Mit dem Dom besichtigt man zum zweiten Mal auf dieser Tour ein Weltkulturerbe, und auch das Wikingerschiffmuseum ist

ein echtes Highlight. Von Roskilde ist man mit dem Auto in 30 Min. wieder in Kopenhagen, aber auch Regionalzüge verkehren häufig.

 ## Lolland, Falster und Møn

> **Route:** **Vordingborg › Maribo › Nykøbing Falster › Stege › Møns Klint › Vordingborg**
>
> **Karte:** siehe Seite 70
> **Dauer:** 1–2 Tage
> **Praktischer Hinweis:**
> - In kleinen Städten ist in der Nebensaison die Besichtigung der Sehenswürdigkeiten stark eingeschränkt. Manche sind sogar geschlossen.

Tour-Start:

Die Rundfahrt führt abseits der üblichen Touristenroute. Nette Provinzstädtchen wie **Maribo** **35** › S. 84 laden ebenso zu einem Halt ein wie die vielen Landkirchen auf Lolland: u. a. Løjtofte mit prächtigem Taufbecken, Nordlunde und Sandby im Westen der Insel. In **Nykøbing Falster** **32** › S. 83 sind die Fachwerkhäuser im Zentrum sehenswert, aber auch das Middelaltercentret. Die Steilküste Møns Klint › S. 82 mit dem Dronningenstol ist zweifellos der Höhepunkt dieser Tour. Besonders schön ist hier ein Spaziergang am Fuß der Klippen und der Besuch des **GeoCenter Møns Klint** **30** › S. 83.

Unterwegs auf Seeland

Vergnügungspark Bakken [F4]

In etwa 10 Autominuten erreicht man den nördlich von Kopenhagen gelegenen Freizeitpark Bakken. Er hat seinen Ursprung 1583 in der Entdeckung einer Quelle, die viele Menschen und in der Folge auch Händler und Straßenkünstler anzog. Damit ist Bakken der älteste Freizeitpark der Welt. Hauptattraktion ist u. a. die 1 km lange Holzachterbahn von 1932 (www.bakken.dk, geöffnet April–Aug.)

Schloss Sorgenfri [F4]

Das Schloss wurde im 18. Jh. erbaut und ist noch heute im Besitz der Königsfamilie. Man kann es nicht besichtigen, der Schlosspark im englischen Stil ist jedoch zugänglich.

Touren auf Seeland und Lolland

Tour

In den Norden Seelands

Kopenhagen › Louisiana › Helsingør › Fredensborg › Frederiksborg › Roskilde › Kopenhagen

Tour

Lolland, Falster und Møn

Vordingborg › Maribo › Nykøbing Falster › Stege › Møns Klint › Vordingborg

Kongens Lyngby [F4]

Die moderne Vorstadt – rund 15 km nördlich von Kopenhagen – überrascht mit Altstadtidyll rund um die Kirche. Attraktionen sind Kanu und Ruderbootfahrten oder auch Ausflüge mit Oldtimerschiffen auf den Seen Lyngby Sø, Bagsværd Sø und Furesø.

Per Boot, aber auch auf der Straße lässt sich der Herrensitz **Sophienholm** am Bagsværd Sø ansteuern, der heute für Kunstausstellungen genutzt wird (Nybrovej 401, Kgs. Lyngby, www.sophienholm.dk, Di bis So 11–17, Do bis 19 Uhr).

Die alte Textilfabrik **Brede Værk** im Norden von Kongens Lyngby ist heute ein Museum zu Industrialisierung und Kleidung (I. C. Modewegsvej, Kgs. Lyngby, www.natmus.dk/brede-vaerk, Mai–Ende Okt. Sa, So 10–17 Uhr, unter 18 Jahre Eintritt frei). Dänemarks größtes Freilichtmuseum, das **Frilandsmuseet**, versammelt historische Bauernhöfe des 17. und 19. Jhs. (Kongevejen 100, Kgs. Lyngby, https://en.natmus.dk/museums-and-palaces/frilandsmuseet, Ostern, Mai–Ende Okt. Di–So 10–16/17 Uhr, Eintritt frei).

Info

Lyngby Turistinformation

• Lyngby Rådhus | Lyngby Torv 17 Kgs. Lyngby
http://visitlyngby.dk

Schloss Frederiksborg 4 ★ [E4]

Von Kopenhagen aus erreicht man Schloss Frederiksborg in Hillerød bequem mit der S-Bahn. Wie viele großartige Renaissancebauten in Dänemark geht es auf Christian IV. zurück. Heute beherbergt es das dänische **Nationalhistorische Museum,** das berühmt ist für seine Porträtsammlung.

Beeindruckend ist die prunkvolle Schlosskirche im westlichen Teil des Königsflügels: Marmoreinlegearbeiten, Alabasterfiguren, Intarsien aus Ebenholz – hier wurden nur edelste Materialien verwendet. Auch eine Compenius-Orgel von 1610 kann

> **Erst-
> klassig**
>
> ### Die schönsten Kunstmuseen
>
> • Die **Ny Carlsberg Glyptotek** besitzt u.a. Nordeuropas größte Sammlung antiker Kunst. › S. 53
> • Das **Statens Museum for Kunst** in Kopenhagen zeigt nordische Kunst vom 14. Jh. bis heute. › S. 62
> • Unvergleichlich ist die Sammlung moderner skandinavischer Kunst im **ARKEN Museum.** › S. 81
> • Im **Skagens Museum** sind die wichtigsten Werke der Skagen-Maler ausgestellt. › S. 121
> • Das **Kunstmuseum Silkeborg** ist ein Muss für alle, die sich für abstrakte Kunst interessieren. › S. 129

man bewundern (www.frederiks borgmuseet.dk, April–Okt. tgl. 10 bis 17, sonst 11–15 Uhr).

Karen-Blixen-Museum 5 [F4]

Karen Blixen wurde in Deutschland als Tania Blixen bekannt. Ihr autobiografisch gefärbter Roman »Afrika, dunkel lockende Welt« diente als Vorlage für den Erfolgsfilm »Jenseits von Afrika«. Blixen wurde 1885 in Rungstedlund geboren. Mit 28 Jahren wanderte sie nach Kenia aus, wo sie fast 20 Jahre lebte, bevor sie 1931 zurückkehrte. Das Haus der 1962 gestorbenen Autorin ist heute ein Museum (Rungsted Strandvej 111, Rungsted Kyst (bei Hørsholm), www.karen-blixen.dk, meist Di–So 10–17 Uhr, detaillierte Infos zu den Öffnungszeiten auf der Website).

Louisiana 6 ★ [F4]

Das Museum für Moderne Kunst in Humlebæk ist eines der schönsten Kunstmuseen in Europa. Dänische wie internationale Kunst seit dem Zweiten Weltkrieg bilden den Schwerpunkt der Sammlung, regelmäßig ergänzt durch große Wechselausstellungen. Die Museumsbauten, die seit 1958 rund um eine Villa entstanden, sind ungewöhnlich homogen in einen zauberhaften Park direkt am Øresund eingefügt. Aus den lichtdurchfluteten Galeriegängen schweifen die Blicke immer wieder auf das Meer und in den Park mit modernen Skulpturen und alten Bäumen (Gl. Strandvej 13, Humlebæk, www.louisiana.dk, Di bis Fr 11–22, Sa, So bis 18 Uhr).

Man sollte im Sommer seine Badesachen nicht vergessen: Ein Seitenausgang führt direkt vom Park an einen kleinen Strand.

Schloss Fredensborg 7 ⭐ [E4]

Das 1726 vollendete Schloss wird im Frühjahr und im Herbst von der königlichen Familie bewohnt. Deshalb ist nur ein Teil des Parks zugänglich. Im Juli und August können auch die reservierten Bereiche des Parks und das Schloss im Rahmen von Führungen besichtigt werden. Das barocke Gesamtbild unterstreicht die 1992 nach alten Plänen restaurierte Schlossstraße (Juli und Aug. Park tgl. 9–17, Schlossführungen 13.45 und 14.45 Uhr).

Helsingør 8 ⭐ [F4]

Helsingør (47 500 Einw.) hat sich eine sehenswerte Altstadt mit vielen Häusern aus dem 16.–18. Jh. bewahrt. Ganz mittelalterlich blieb die Gasse Gl. Færgestræde erhalten. Bedeutendstes Bauwerk im Zentrum ist das gut erhaltene Karmeliterkloster aus dem frühen 16. Jh. mit der **Skt. Mariæ Kirke.** Mitte des 17. Jhs. war hier der Komponist Dieterich Buxtehude als Organist tätig.

Hauptattraktion und eine der bedeutendsten Sehenswürdigkeiten Dänemarks ist das UNESCO-Weltkulturerbe **Schloss Kronborg,** das

Der Rittersaal im Schloss Kronborg

Shakespeare als Schauplatz seines »Hamlet« weltberühmt machte. Hinter mächtigen Wällen bewacht die Renaissanceburg die Hafeneinfahrt. Kapelle und Rittersaal sind die schönsten Räume, in weiterer ist das **Handels- und Seefahrtsmuseum** untergebracht. In den Kasematten schlummert der sagenumwobene Holger Danske, bis er zur Rettung Dänemarks gebraucht wird. Die Kanonen von Kronborg unterstrichen von 1429–1857 die Ansprüche der Dänen auf einen Sundzoll, den alle passierenden Schiffe berappen mussten (Kronborg 2 C, Helsingør, www.kronborg.dk, Mai, Juni tgl. 11–16, Juli–Sept. tgl. 10 bis 17.30, Okt. tgl. 11–16, Jan.–März Di–So 11–16 Uhr).

Dänemarks Technisches Museum ist im Süden Helsingørs zu finden und präsentiert dort eine interessante Sammlung historischer Automobile und Motoren sowie von über

30 Flugzeugen (Danmarks Tekniske Museum, Fabrikvej 25, Helsingør, www.tekniskmuseum.dk, Nov.–Jan. Di–So 10–16, sonst bis 17 Uhr, in den Sommerferien auch Mo).

Info
Helsingør Turistbureau
- Havnepladsen 3 | Helsingør
  Tel. 49 21 13 33
  www.visitnordseeland.de

Hotels
Comwell Borupgaard €€
Erste-Klasse-Hotel mit elegant-modernem Design im reetgedeckten Gutshof.
- Nørrevej 80 | Snekkersten
  Tel. 48 38 03 33 | www.comwell.dk

Skandia €€
Familiengeführtes Stadthotel nahe Schloss Kronborg.
- Bramstræde 1 | Helsingør
  Tel. 49 21 09 02
  www.hotelskandia.dk

**Danhostel Helsingør
»Villa Moltke«** €
Herberge in einem ehemaligen Herrschaftshaus nah am Wasser.
- Ndr. Strandvej 24 | Helsingør
  Tel. 49 28 49 49
  www.helsingorhostel.dk

Camping
Helsingør Camping
Gemütlicher kleiner Platz am Strand mit Aussicht auf Schloss Kronborg.
- Strandalleen 2 | Helsingør
  Tel. 49 28 49 50
  www.helsingorcamping.dk

Seelands Nordküste

Das erste Seebad westlich von Helsingør ist **Hornbæk** **9** **[E3]** mit großem Jachthafen und ein wenig Fischerromantik. An der Nordspitze der Insel lockt **Gilleleje** **10** **[E3]** als Touristenzentrum mit vielen Freizeitangeboten. **50 Dinge** **6** › S. 12.

Wildromantische Küstenlandschaft bei Hornbæk

Überaus sehenswert ist auch die Fischauktion. **50 Dinge** ㉖ › S. 15. Westlich des Ortes führt ein Spazierweg über die mehr als 30 m hohe Steilküste von Gilbjerg Hoved, die die Grenze zwischen Kattegat und Øresund markiert, zu schönen Aussichtspunkten. **Tisvildeleje** ist ein weiterer Badeort mit einladenden Stränden. Nach Westen schließt einer der schönsten Wälder Nordseelands an, **Tisvilde Hegn,** ein typischer Schutzwald gegen den verheerenden Sandflug. Etwas landeinwärts ist die einsam stehende **Tibirke Kirke** mit schönem gotischen Flügelaltar einziges Überbleibsel eines vom Flugsand zerstörten Dorfes.

Hundested ⑪ [E4]

Im Ort hält das über der Kattegatküste gelegene **Knud Rasmussen Hus** die Erinnerung an den Arktisforscher sowie seine aufsehenerregenden Expeditionen wach, bei denen er u. a. den magnetischen Nordpol entdeckte (April–Mitte Okt. Di–Fr 11–16 Uhr). Von hier fahren **Autofähren** auf die Halbinsel Odsherred (www.hundested-roervig.dk).

Info

Turistbureau
• Havnegade 20 | Hundested
  Tel. 47 93 77 88
  www.visitnordsjaelland.com

Restaurant

Lynæs Kro €€
Gemütliches kleines Gasthaus mit rustikalem Restaurant in Hafennähe.
• Frederiksværkvej 6 | Hundested
  Tel. 47 98 01 81 | www.lynaes-kro.dk

Camping

Rosenholm Camping €€
Gut ausgestatteter Campingplatz mit Hütten und Wohnwagen.
• Torpmaglevejen 58
  Hundested
  Tel. 47 92 30 49
  www.rosenholm-camping.dk

Odsherred ⑫ ⭐ [E4]

Per Fähre geht es über die Isefjordmündung in das malerische **Rørvig** auf der Halbinsel Odsherred. Die alte Kulturlandschaft besitzt herrliche mittelalterliche Kirchen, Vorzeitgräber sowie liebevoll geführte volkskundliche Sammlungen. Zudem zählen viele Ferienhäuser und schöne Strände zum Kapital dieses Landstrichs. Vom Ende der schmalen Landzunge Sjællands Odde verkehren laufend Fähren nach Jütland. **Nykøbing Sjælland** heißt der gemütliche Hauptort von Odsherred. **50 Dinge** ② › S. 12.

Hotel

Anneberg Vandrerhjem €
Herberge in einem Herrschaftshaus mit zwölf Zimmern und eigenem Strand.
• Egebjergvej 162 | Nykøbing Sjælland
  Tel. 41 86 55 44
  www.annebergvandrerhjem.dk

Højby [E4]

Der kleine Ort (1430 Einw.) besitzt eine romanische **Kirche,** die innen mit reichen Kalkmalereien ausgeschmückt ist. Viel Spaß verspricht der große Vergnügungspark **Sommerland Sjælland** › S. 28 mit fünf Themenbereichen, der südlich des Ortes liegt.

Eindrucksvolle Schiffsbauten sieht man im Wikingerschiffsmuseum in Roskilde

Trundholm 13 [D4]

Im Moor von Trundholm wurde im Jahr 1902 der bronzezeitliche Sonnenwagen gefunden: eine vergoldete Sonnenscheibe auf sechs schmalen Rädern, gezogen von einem Pferd. Das Original steht im Nationalmuseum von Kopenhagen, eine Kopie im Heimatmuseum des nahe gelegenen Hørve.

Hotel

Dragsholm Slot €€€

Das über 800 Jahre alte Haus ist **!** eines der imponierendsten Schlosshotels Dänemarks. Ab 1500 Staatsgefängnis, saßen in den Kerkern von Dragsholm vor allem Missliebige aus besseren Familien. Heute nächtigen in den Luxuszimmern zumeist Besserverdiener. Das Restaurant im alten Schlosskeller verwöhnt mit Spitzengastronomie nach der Vom-Feld-auf-den-Tisch-Philosophie *(jord-til-bord-filosofi)*.
• Dragsholm Allé | Hørve
  Tel. 59 65 33 00
  www.dragsholm-slot.dk

Kalundborg 14 [D4]

Die mittelalterliche Residenzstadt (16 500 Einw.) ist heute ein bedeutender Industriestandort. Seit dem 12. Jh. wird das Zentrum von der markanten fünftürmigen **Vor Frue Kirke** überragt, deren Grundriss, ein griechisches Kreuz, in der dänischen Kirchenarchitektur einzigartig ist.

Roskilde 15 ⭐ 3 [E4]

Die Stadt (ca. 50 000 Einw.) diente den dänischen Königen lange als Residenz. Wie ein Bilderbogen zur Stilkunde wirkt die zum UNESCO-Weltkulturerbe zählende **Roskilde Domkirke** ⭐. Der heutige Bau geht auf Bischof Absalon (1154–1182) zurück, wurde aber erst im 13. Jh. fertiggestellt. Spätere Anbauten brachten Architekturvielfalt. Von Margarete I. (gest. 1412) bis Frederik IX. (gest. 1972) sind 38 dänische Monarchen hier beigesetzt (www.roskildedomkirke.dk, April–Sept.

Mo–Sa 10–18, So 13–18, sonst Di bis Sa 10–16, So 13–16 Uhr).

Ein Brückengang verbindet den Chor und das barocke Bischofspalais, **Palæet**, in dem heute moderne Kunst und eine kulturhistorische Sammlung zu sehen sind (Di–Fr 12 bis 17, Mi bis 20, Sa, So 11–16 Uhr).

Lützhøfts Købmandsgård, ein Kaufmannshof im Stil der 1920er-Jahre, bietet ein Warensortiment feil, das der damaligen Zeit entspricht (Ringstedgade 8, Roskilde).

Im **Wikingerschiffsmuseum** am Roskilde Fjord sind fünf Wikingerschiffe ausgestellt, die um das Jahr 1000 als Sperre 20 km nördlich der Stadt versenkt worden waren. Auf dem Fjord kann man auf Schiffsnachbauten aus der museumseigenen Werft mitfahren (Vindeboder 12, Roskilde, www.vikingeskibsmuseet.dk, tgl. 10–16, in den Sommerferien bis 17 Uhr).

Info
Roskilde Turistbureau
• Stændertorvet 1 | Roskilde
Tel. 46 31 65 65
www.visitroskilde.com

Hotels
Prindsen €€€
Elegantes Haus mit gutem Restaurant.
• Algade 13 | Roskilde
Tel. 46 30 91 00
www.hotelprindsen.dk

Scandic €€–€€€
Im Süden gelegenes modernes Hotel.
• Søndre Ringvej 33 | Roskilde
Tel. 46 32 46 32
www.scandichotels.com

Camping
Roskilde Camping
Saisonplatz mit Hütten etwas nördlich der Stadt am Roskilde Fjord.
• Baunehøjvej 7–9 | Veddelev | Roskilde
Tel. 46 75 79 96
www.roskildecamping.dk

Restaurants
Mumm €€
Kleines Edelrestaurant im Stadtzentrum.
• Karen Olsdatters Stræde 9 | Roskilde
Tel. 46 37 22 01
www.mummroskilde.com
Mo–Sa 17.30–24.00, Küche bis 21.30 Uhr

M/S Sagafjord €€
Dänische und französische Küche bei einer zweistündigen Fjordschiffstour. Reservierung erforderlich!
• Vindeboder 18 (Liegeplatz) | Roskilde
Tel. 46 75 64 60 | www.sagafjord.dk

Lejre 16 [E4]

In der Nähe des Dorfes Lejre arbeitet am Rand der Parkanlagen des üppig ausgestatteten Rokokoschlosses **Ledreborg** (18. Jh.) das historisch-archäologische Versuchszentrum **Lejre Forsorgscenter** . Hier werden Theorien über Vorzeitepochen, insbesondere zur Eisenzeit, praktisch überprüft. Neben den Wissenschaftlern können auch Familien und Schulklassen zu Eisenzeitwerkzeugen greifen und mit Tieren unter einem Dach leben (Slangealleen 2, Lejre, www.sagnlandet.dk, Ende März–Ende Okt. tgl. 10/11 bis 16/17 Uhr, Mai, Juni, Mitte Aug. bis Ende Sept. Mo geschl.).

Ringsted 17 [E5]

Die Stadt zählte im Mittelalter zu den großen im Land und war Schauplatz der Thingversammlungen Seelands. Als Teil eines Benediktinerklosters entstand um 1170 die **Skt. Bendts Kirke,** die mehrere Königsgräber und beachtliche Kalkmalereien enthält, die ältesten aus dem 13. Jh., die jüngsten von 1916 (www.ringstedsogn.dk, tgl. 10–13, Mai–Aug. bis 16 Uhr).

Kinder fasziniert der Freizeitpark **BonBon-Land** (26 km südl. der Stadt) sowie die benachbarte **Fantasy World:** Eine Firma aus Ringsted ist Europas bedeutendster Hersteller mechanischer Schaufensterpuppen, die hier als Märchenfiguren agieren. (Gartnervej 2, Holme-Olstrup, www. bonbonland.dk, Tel. 55 53 07 00, Ende April–Okt wechselnde Öffnungszeiten, Infos auf der Website).

Hotel

Skjoldenæsholm €€€
Der im Wald gelegene neoklassizistische Herrensitz beherbergt ein edles Hotel mit feinem Restaurant. Ruder- und Golfmöglichkeiten und Seelands höchster Berg (126 m) in der Nachbarschaft.
• Skjoldenæsvej 106 | Jystrup
Tel. 57 53 87 50 | www.skj.dk

Sorø 18 [E5]

Der Ort (7900 Einw.) wuchs um ein Kloster, das die Zisterzienser nach 1161 errichteten. Vom ursprünglichen Bau existieren nur noch das Torhaus und die **Kirche** ⭐, eines der bedeutendsten mittelalterlichen

Gebäude Dänemarks. Interessant sind zwei Kruzifixe: ein 8 m hohes von Claus Berg im Mittelschiff und im nördlichen Kreuzarm eines aus dem späten 13. Jh. Imposant wirkt das klassizistische Hauptgebäude am Seeufer (Akademigrunden 4, Sorø, tgl. 9–16 Uhr, mit Ausnahmen bei religiösen Zeremonien).

Slagelse 19 [D5]

Mit knapp 35 000 Einwohnern ist Slagelse die größte Stadt im Südwesten Seelands. Hier verbrachte H. C. Andersen Teile seiner Jugend und besuchte die Lateinschule. Mit der Schulzeit Andersens befasste sich der dänische Film »Unge Andersen« (2005). Die Filmkulissen findet man heute in der Ausstellung des **Slagelse Museum,** das außerdem eine Handwerkerstraße mit Werkstätten und einem Markt sowie eine Lateinschule aus dem 19. Jh. zeigt (Bredegade 11, Slagelse, Juni bis 17. Aug. Di, Mi, So 13–16, Sa 10–13, 18. Aug.–21. Dez. sowie Febr.–Mai, Mi, So 13–16, Sa 10–13 Uhr).

Trelleborg 20 ⭐ [D5]

Die Wikingerburg liegt 5 km westlich von Slagelse. Sie entstand 981 unter König Harald Blauzahn. Einst gab es in Dänemark vier solcher Burgen, aber nur Fyrkat › **S. 138** ist ähnlich gut erhalten. Das Wikingerhaus am Eingang wurde originalgetreu rekonstruiert (www.vikingeborg.dk, Juni–Aug. Di–So 10–17, April,Mai, Sept.,Okt. bis 16 Uhr, freier Eintritt).

Korsør 21 [D5]

Seelands traditioneller Brückenkopf nach Fünen ist Korsør (14 700 Einw.). Früher standen die Winde nicht immer günstig für Überfahrten: Die beste Adresse, um besseres Wetter abzuwarten, war ab 1761 in der Algade der sogenannte **Kongsgården** (Königshof), wo früher auch die Könige einzukehren pflegten. Heute ist hier ein Kunst- und Kulturzentrum untergebracht.

Von einer mittelalterlichen Burg an der Hafeneinfahrt stehen noch der Burgturm (z. T. 13. Jh.) sowie die Wirtschaftsgebäude, heute mit dem Stadtmuseum.

Borreby Herreborg

Skælskør 22 [D5]

Der Ort (6500 Einw.) strahlt eine gemütliche Hafenstimmung aus. Die Haffs und Feuchtgebiete der Umgebung sind trotz der nahen Raffinerie ein Eldorado für Ornithologen. Vom Nachbarort Stignes kann man schöne Tagesausflüge zu den kleinen Inseln **Agersø** (684 ha; 180 Einw.) und **Omø** (452 ha; 135 Einw.) unternehmen, die in 15 bzw. 45 Min. mit der Fähre zu erreichen sind. Ein kurzer Ausflug lohnt zu dem südlich gelegenen **Borreby Herreborg**. Das 1556 entstandene Haupthaus des Herrensitzes ist eines der besterhaltenen Renaissancegebäude Dänemarks. Besichtigt werden kann jedoch nur der schöne, im französischen Stil angelegte Park (Borrebyvej 41, Skælskør, www.borrebygods.dk, Website nur auf Dänisch).

Hotel/Restaurant

Menstrup Kro €€
Romantischer, 1788 erbauter Landkro mit exquisiter Küche auf halbem Weg zwischen Skælskør und Næstved.
• Menstrup Bygade 29 | Næstved
  Tel. 55 44 30 03
  www.menstrupkro.dk

Næstved 23 ★ [E5]

Das Zentrum der alten Marktstadt Næstved (43 000 Einw.) ist zauberhaft. Im Viertel rund um den Akseltorv stehen einige der ältesten Stadthäuser Dänemarks aus dem 15. und 16. Jh. Die beiden mittelalterlichen Kirchen **Skt. Peders Kirke** und **Skt. Mortens Kirke** sind wegen ihrer ansehnlichen Kalkmalereien und feinen Holzschnitzereien sehenswert. Am Nordrand der Stadt hat die renommierte Internatsschu-

Die alte Kirche von Højerup an der Ostküste Seelands. 1928 stürzte ihr Chor ins Meer, der Rest wurde stabilisiert und steht heute direkt an der Klippenkante

le Herlufsholm (1560 von Admiral Herluf Trolle gegründet) ihren Sitz in einem ehemaligen Kloster. In der alten Klosterkirche von etwa 1200 gibt es ein einzigartiges Kruzifix mit einem Korpus aus Walrosselfenbein.

Im Süden lockt Schloss **Gavnø** ⭐ mit Parkanlagen, einem Kletterpark und Hochseilgarten, Gemäldesammlung, Schmetterlingshaus und Restaurant (www.gavnoe.dk, Mitte April–Ende Sept. tgl. 10–16/17 Uhr).

Das Flüsschen **Suså** bei Næstved ist ein attraktives Kanurevier.

Info

Visit Næstved
- Sct. Peders Kirkeplads 14
  Næstved
  Tel. 55 72 11 22
  www.visitnaestved.com

Camping

De Hvide Svaner Camping
Der Platz liegt ca. 9 km westlich von Næstved am Meer und wird ganzjährig betrieben.
- Karrebækvej 741 | Karrebæksminde
  Tel. 55 44 24 15
  www.dehvidesvaner.dk

Shopping

Næstved ist stolz auf seinen Ruf als Einkaufsmekka Seelands. Zwar musste die traditionsreiche Glashütte Holmegaard im nahen Fensmark schließen, aber ca. 160 Fachgeschäfte und Boutiquen plus drei große Einkaufszentren (**Næstved Stor-Center** am Køgevej, das benachbarte **Næstved Megacenter** und das **Parkens Butiks Center** am Østre Ringvej/Vordingborgvej) verführen zum Bummeln, Schauen und Shoppen.

Vordingborg 24 [E5]

Die Stadt (12 000 Einw.) am Nord-
ufer der Storstrømmen-Meerenge
diente Valdemar dem Großen
(1154–1182) als Stützpunkt bei seinen Zügen gegen die Wenden, und
Valdemar Atterdag (1340–1375)
ließ eine Befestigungsanlage bauen,
um gegen die Hanse gerüstet zu
sein. Teile der Burgmauer und der
26 m hohe **Gåsetårn** (Gänseturm)
sind erhalten.

Seelands Ostküste

Nördlich der Kleinstadt **Præstø** 25
[E5] geht es erst am Ufer des Præstø
Fjord und später den Küstenverlauf
der Fakse Bugt entlang nach Fakse
Ladeplads, einem Hafenort mit gern
besuchten Stränden. Bald darauf beginnen die Kreideklippen **Stevns
Klint** 26 ⭐ [E5]. **50 Dinge** 29 › S. 15.
Dramatisch ist die Szenerie an der
alten **Kirche von Højerup:** 1928
stürzte ihr Chor ins Meer, der Rest
steht noch auf der Klippe.

Store Heddinge besitzt eine sehenswerte **Kirche,** die ursprünglich
romanisch war, dann aber mehrfach
umgebaut wurde – ein für Dänemark einzigartiges Bauwerk mit
achteckigem Schiff und einem
Chor, in dessen Mauerwerk im
zweiten Stock ein Galeriegang mit
schönen Säulenöffnungen Platz hat.

Køge 27 [E5]

Ihre Lage begünstigt die alte Hafenstadt (36 500 Einw.). Noch aus dem
frühen 16. Jh. datieren mehrere an-
sehnliche Fachwerkbauten rund um
den gemütlichen Marktplatz Torvet.
Auf jeden Fall sollte man das Haus
in der Kirkestræde 20 besuchen. Es
wurde 1527 erbaut und ist damit das
älteste Fachwerkhaus Dänemarks.

Das **Kunstmuseet Køge Skitse-
samling** ⭐ dokumentiert die Ent-
stehung großer Denkmäler und
moderner Kunst am Bau. Die
Sammlung besteht aus mehr als
12 000 Skizzen, darunter auch die
Vorzeichnungen Bjørn Nørgaards
für seine Pop-Gobelins › **S. 53** (Nørregade 29, Køge, www.koes.dk, Di
bis So 11–17, Do bis 21 Uhr).

Info
Køge Turistbureau
• Vestergade 1 | Køge
  Tel. 56 67 60 01 | www.visitkoege.com

Hotel
Comwell Køge Strand €€€
Modernes Hotel beim Strand der Køge
Bugt. Minimalistisches Design.
• Strandvejen 111 | Køge
  Tel. 56 65 36 90
  www.comwellkøgestrand.dk

Restaurant
Café Grønsag €€
Snacks und kleine Gerichte in Bio-
qualität.
• Vestergade 3 | Køge
  Tel. 56 67 60 70
  Mo–Fr 10–17, Sa bis 15 Uhr

ARKEN Museum für
Moderne Kunst 28 ⭐ [E4]

Unweit des Jachthafens von Ishøj ist
das Museum ARKEN zu finden.
Man braucht nur wenig Fantasie,
um in seiner modernen Architektur

eine Arche zu erkennen. **!** Spektakulär ist die Sammlung internationaler und skandinavischer Kunst, etwa mit Werken von Olafur Elias-son, Damien Hirst und Bill Viola (Skovvej 100, Ishøj, Tel. 43 54 02 22, www.arken.dk, Di–So 10–17, Mi bis 21 Uhr).

Unterwegs auf Møn und Falster

Møn 29 [E5/6–F5/6]

Spektakulär ist auf der Insel Møn der 128 m hohe **Dronningenstol** ⭐ (Königinnenstuhl), der Gipfel der 12 km langen Kreideklippen **Møns Klint** ⭐. Über die Klippen und zu ihren Füßen entlang führen Spazierwege. Die Sicherheitshinweise für Spaziergänger sollte man unbedingt beachten. Mit etwas Glück lassen sich Versteinerungen finden, die aus der 75 Mio. Jahre alten Kreide herausbrechen.

Nördlich von Møns Klint steht das reetgedeckte Miniaturschloss **Liselund** (1792). Im Schlosspark verstecken sich, für Tête-à-têtes gebaut, das Norwegische Haus, die Schweizer Hütte und die Chinesische Lustlaube. Jedes Jahr werden Ende Juli im Park Klassikkonzerte veranstaltet (Infos beim Møn Turistbureau).

Auf Møn gibt es zudem alte Kulturschätze zu entdecken: prähistorische Großsteingräber und Kirchen, deren Kalkmalereien zu Nordeuropas besten zählen. Ein Schöpfer die-

Hoffentlich lässt das Meer sich Zeit, bis es sich Møns Klint zurückholt

ser mittelalterlichen Kunst trägt den Namen einer Inselkirche: der Elmelunde-Meister, dessen Fresken man in der **Elmelunde Kirke** ⭐, der **Kelby Kirke** und der **Fanefjord Kirke** ⭐ bewundern kann.

In Møns Hauptort **Stege** blieb das Stadttor Mølleporten als Rest einer Burgmauer vom 16. Jh. erhalten.

GeoCenter
Møns Klint 30 [F5]

In unmittelbarer Nähe der Kreideklippen liegt das Geologie- und Naturzentrum. Es informiert u. a. über 70 Mio. Jahre geologischer Entwicklung der Kreidefelsen, aber auch Flora und Fauna kommen, z. B. mit Sauriermodellen, nicht zu kurz (Stengårdsvej 8, Borre, www.moensklint.dk, Juli–Mitte Aug. tgl. 10–18, eine Woche vor Ostern–Ende Juni, Sept., Okt. tgl. 10/11–17 Uhr).

Info
Møn Turistbureau
• Storegade 2 | Stege
  Tel. 55 86 04 00 | www.visitmoen.com

Falster
Stubbekøbing 31 [E6]

Das gemütliche Städtchen mit schöner Altstadt und einer Kirche aus dem 12. Jh war im Mittelalter ein wichtiges Handelszentrum. Ungewöhnlich ist die Sammlung des **Motorrad- und Radiomuseums** mit über 150 Zweirad-Oldtimern und historischer Rundfunk- und Tontechnik (Nykøbingvej 52, Stubbekøbing, www.motorcykelogradiomuseum.dk, Juni–Aug. Di 19–22, Mi–So

10–16, Sept. Mi, Do, Sa, So 10 bis 16 Uhr).

Nykøbing Falster 32 [E6]

Der Hauptort der Insel Falster mit 17 000 Einw. ist für seine Zuckerfabriken bekannt. Zu den liebevoll bewahrten Fachwerkhäusern aus dem 16.–18. Jh. gehört **Czarens Hus**. Zar Peter der Große stand hier 1717 unerwartet in der Gaststube, in der man noch heute bewirtet wird. Am anderen Ufer des Guldborg Sund liegt das **Middelaldercentret** ⭐. Auf einem großen Freigelände direkt am Wasser führen Handwerker in typischen Werkstätten mittelalterliche Handwerksmethoden vor. Auch Ritter, Steinschleuder oder Bogenschießen fehlen hier nicht (www.middelaldercentret.dk, Mai–Juni, Mitte Aug.–Ende Sept. und Herbstferien tgl. 10–16, Juli–Mitte Aug. bis 17 Uhr, Mai, Sept. Mo geschl.).

Gedser 33 [E6]

Nahe dem Fährhafen Gedser markiert ein viereckiger Leuchtturm Dänemarks südlichsten Landflecken Gedser Odde. Von dort zieht sich über 20 km ein kinderfreundlicher Sandstrand an Falsters Ostküste entlang. **Marielyst** ist mittlerweile eine Ferienhausmetropole mit gut 5000 Häusern aller Kategorien.

Hotel/Restaurant
MejeriGaarden €€–€€€
B & B mit Gemeinschaftsbad, Superfrühstück und Restaurant.
• Gammel Landevej 87 | Gedser
  Tel. 70 23 70 40
  www.mejerigaarden.com

Unterwegs auf Lolland

Nysted 34 [E6]

Das schmucke Hafenstädtchen an der Südküste (1360 Einw.) wird vom Schloss Ålholm geprägt (Teile von ca. 1300). Das respektable Schloss ist in Privatbesitz und nicht zu besichtigen (www.aalholm.dk).

Maribo 35 [D6]

Das nette Provinzstädtchen (5750 Einw.) liegt im Zentrum eines kleinen Seengebiets. Hier befasst sich ein **Frilandsmuseet** (Freilichtmuseum) anschaulich mit ländlicher Kultur (Meinckesvej 5, www.aabnesamlinger.dk, Mai–Sept. Di–So 10 bis 16 Uhr, Juli, Aug. und Herbstferien tgl.). In der dreischiffigen **Domkirche** von 1470 ist Leonora Christina (1621–1698) begraben. Die Lieblingstochter Christians IV. war vom Schicksal mit einem intriganten Gatten und 22 Jahren Festungshaft gestraft. Ihre Biografie »Jammers Minde« ist ein Klassiker der dänischen Literatur.

Im Sommer dampft eine Oldtimerbahn (www.museumsbanen.dk) von Maribo in das nördlich gelegene Bandholm. Dort tummeln sich im **Knuthenborg Safaripark**, den man mit dem Auto durchfährt, exotische Tiere aus aller Welt (Knuthenborg Allé, Maribo-Bandholm, Tel. 54 78 80 89, www.knuthenborg.dk, Ende April–Anfang Sept. tgl. 10 bis 17/18, Sept.–Mitte Okt. nur Sa, So bis 16 Uhr).

Info

Maribo Turistbureau
• Det gamle Rådhus | Torvet 1
Maribo | Tel. 54 78 04 96
www.visitlolland-falster.com

Hotel

Maribo Søpark €€–€€€
Modernes Hotel am See; günstige Wochenendpauschalen in der Nebensaison.
• Vestergade 29 | Maribo
Tel. 54 78 10 11
www.maribo-soepark.dk

Camping

Maribo Sø Camping €€
Mit Hütten und Fahrradverleih.
• Bangshavevej 25 | Maribo
Tel. 54 78 00 71
www.maribo-camping.dk

Nakskov 36 [D6]

Die Werftstadt (12 800 Einw.) gefällt mit etlichen schmucken historischen Gebäuden. Wichtigste Sehenswürdigkeit ist die gotische **Skt. Nikolai Kirke** aus dem 15. Jh., deren Vorgängerbau aus dem 13. Jh. in Teilen erhalten blieb.

Hotel

Harmonien €€
Kleineres komfortables Hotel, nicht weit vom Knuthenborg Safaripark.
• Nybrogade 2 | Nakskov
Tel. 54 95 91 90
www.hotel-harmonien.dk

Prachtvoll: Schloss Egeskov

FÜNEN

Kleine Inspiration

- **Durch Odense bummeln** auf den Spuren von H. C. Andersen › S. 88
- **Einen Schiffsausflug unternehmen** auf die Insel Ærø › S. 93
- **Altstadt und maritimes Erbe erkunden** von Svendborg › S. 95
- **Entspannen** an den Stränden von Langeland › S. 96
- **Eines der schönsten Renaissanceschlösser Dänemarks besuchen** in Egeskov › S. 96

Kultureller Anziehungspunkt der Insel ist H. C. Andersens Geburtsstadt Odense. Während der Norden eher unentdeckt ist, geht man im Süden auf Schlösserreise und fährt zu einer der vorgelagerten kleinen Inseln.

Fünen (Fyn) ist zwar die drittgrößte Insel Dänemarks, aber sie lässt sich relativ schnell erschließen. Für Südfünen reicht im Prinzip ein Tag aus, dann bleibt allerdings keine Zeit für einen der Ausflüge auf die Inseln im Süden. Und auch Odense kann man dann nur im Galopp erleben. Wer es geruhsamer angehen möchte, sollte zwei oder drei Tage einplanen. Zu besichtigen gibt es genug, denn die Insel ist übersät mit Burgen, Schlössern und alten Herrenhäusern. Nach Odense fahren vor allem Fans des Märchendichters: In dieser Stadt wurde Hans Christian Andersen geboren, und in ihr hat er auch seine Jugend verbracht. Doch Odense bietet kulturell noch weit mehr.

Einen Höhepunkt bietet ein Ausflug auf eine der südlich vorgelagerten Inseln, in die »dänische Südsee«. Abseits der Hauptinsel geht das Leben hier einen ruhigeren Gang – ideal für alle, die mal so richtig ausspannen wollen. Besonders schön ist die Insel Ærø mit ihren pittoresken Städtchen.

Tour in der Region

Tour 7

Südfünen für Schlösserfans

Route: Odense › Kerteminde › Nyborg › Lindeskov › Egeskov › Svendborg › Tåsinge › Faaborg › Assens › Vissenbjerg › Odense

Karte: siehe Seite 87
Dauer: 2–3 Tage
Praktische Hinweise:
- Das H. C. Andersen Hus in Odense ist in der Nebensaison montags geschlossen.
- Schloss Egeskov schließt von Oktober bis April.

Tour-Start:
Auf Fünen liegen unglaubliche 123 Schlösser, die man jedoch nicht alle von innen besichtigen kann. Viele sind in Privatbesitz oder beherbergen noble Hotels. Dort kann man sich den Besuch immerhin mit einer Übernachtung erkaufen. Oft lohnt aber schon ein Blick von außen oder ein Bummel durch den Schlosspark.

Start- und Zielpunkt ist **Odense** **1** › S. 88, das Zentrum auf Fünen. Über **Kerteminde** **15** › S. 97 geht es nach **Nyborg** **14** › S. 97 mit seinem reizenden historischen Stadtbild. Die Sommerkonzerte auf dem Königsschloss Nyborg Slot (12. Jh.) sollte man sich nicht entgehen lassen.

Nächster Höhepunkt ist **Egeskov** 12 › **S. 96**, das schönste Schloss der Insel, wo man gut einen ganzen Tag verbringen kann. Auf Besucher warten außerdem Broholm Gods bei Gudme östlich von Egeskov und das barocke Valdemars Slot auf der Insel **Tåsinge** 9 › **S. 95**. Über **Faaborg** 6 › **S. 92** und **Assens** 4 › **S. 92** geht es schließlich zurück nach Odense.

Tour auf Fünen

Tour 7 Südfünen für Schlösserfans

Odense › Kerteminde › Nyborg › Lindeskov › Egeskov › Svendborg › Tåsinge › Faaborg › Assens › Vissenbjerg › Odense

Unterwegs auf Fünen

Odense 1 ⭐ [C5]

Die Universitätsstadt (ca. 177 000 Einw.) bildet das Zentrum der Insel Fünen. Aus einer Kultstätte für den nordischen Hauptgott Odin hervorgegangen, wird Odense im Jahr 988 erstmals erwähnt. 1086 wird in der damaligen Skt. Albani Kirke König Knud IV. ermordet. Seine anschließende Heiligsprechung 1101 machte Odense zum Wallfahrtsort, und der Bau eines Hafens 1804 brachte wirtschaftlichen Aufschwung.

Ihre Museen präsentiert die Stadt ausführlich auf der Website http://museum.odense.dk.

Zentrum und Altstadt

Einen Spaziergang durch die liebevoll gepflegte Altstadt Odenses kann man beim Rådhus Ⓐ beginnen. Südlich ragt die gotische Skt. Knuds Kirke Ⓑ auf. Den figurenreichen vergoldeten Prachtaltar schuf der gebürtige Lübecker und Wahlodenser Claus Berg anno 1521. In der Krypta befinden sich Königsgräber (16. Jh.) und Reliquien des Heiligen Knud (April–Okt. tgl. 10 bis 17, sonst bis 16 Uhr).

Bescheiden ist das kleine Fachwerkhaus H. C. Andersen Barndomshjem Ⓒ (Elternhaus), wo Andersen den Großteil seiner ärmlichen Kindheit verbrachte (Munkemøllestræde 3–5, Juli, Aug. tgl. 10–17, sonst Di–So 11–16 Uhr).

Der Münzhof Møntergården Ⓓ ist ein Komplex von Fachwerkbauten aus dem 16./17. Jh., in dem das stadthistorische Museum und die neue interaktive Ausstellung »Funen – at the centre of the universe«

SEITENBLICK

Der Märchenmann

Überall in Odense stößt man auf den Namen Hans Christian Andersen, der selbst die Kürzelform H. C. Andersen bevorzugte. Über 150 Märchen hat er geschrieben, kaum ein Schriftsteller wurde so oft übersetzt wie er.

Um seine Person ranken sich Legenden, weil das frühe 19. Jh. seine Karriere vom Unterklassenkind zum gefeierten und hofierten Literaten eigentlich nicht zuließ: Mal gilt er als unehelicher Spross von König Christian VIII., mal ist er nur von einem Adeligen gezeugt. Die Fakten: Andersen wird am 2. April 1805 in Odense geboren und wächst in ärmlichsten Verhältnissen auf. Mit 14 Jahren reist er nach Kopenhagen und versucht sich als Schauspiel- und Ballettschüler am Königlichen Theater. Als Märchendichter schafft der Ehrgeizige dann den Durchbruch, während seine anderen literarischen Arbeiten sowie seine Zeichnungen und Scherenschnitte kaum bekannt sind. Der 1875 verstorbene Dichter liegt zwar in Kopenhagen begraben, doch die wichtigsten Erinnerungen an den berühmtesten Dänen aller Zeiten hat sich Odense gesichert.

H. C. Andersens Elternhaus in schlichtem Fachwerkstil

untergebracht sind (Overgade 48, Juli–Aug tgl. 10–17, sonst Di–So 10–16/17 Uhr).

An den berühmtesten Sohn der Stadt erinnert das **H. C. Andersens Hus** E ⭐. Sein Geburtshaus ist eine echte Kultstätte für Fans des Märchendichters mit Briefen und persönlichen Gegenständen (Bangs Boder 29, http://museum.odense.dk, großer Um- und Erweiterungsbau bis 2020; temporäres Museum in der Claus Bergs Gade, Juli–Aug tgl. 10–17, sonst Di–So 10–16/17 Uhr). **50 Dinge** ㉟ › S. 16.

Jernbanemuseet F

Das Eisenbahnmuseum in einem alten Lokomotivschuppen präsentiert sehenswerte alte Lokomotiven und v. a. mehrere ehemalige Salonwagen dänischer Könige (Dannebrogsgade 24, Tel. 66 13 66 30, www.jernbanemuseet.dk, tgl. 10–16 Uhr, bis 17 Jahre Eintritt frei).

Brandts G ⭐

Die ehemalige Textilfabrik aus dem späten 19. Jh. hat sich zu einer wichtigen Kulturattraktion entwickelt: Die **Kunsthalle,** die 2013 mit dem **Museum für Fotografie** fusionierte, bietet aufsehenerregende Wechselausstellungen, und das **Dänische Medienmuseum** führt einstige Satz- und Drucktechniken vor. Ein Programmkino, eine Openair-Bühne und Lokale machen den Komplex zu einem lebendigen Kulturtreff (Brandts Torv 1, Tel. 65 20 70 00 www.brandts.dk, Fr–Mi 10–17, Do 12–21 Uhr).

Südlich des Zentrums

Weiter südlich erreicht man den Anleger der **Odense Åfart** H . Eine Bootsfahrt (www.aafart.dk, Mai bis Aug. 10–17 Uhr stdl.) ist die schönste Art, den **Zoo** (www.odensezoo.dk, tgl. ab 9 Uhr, Schließzeiten variieren) oder auch das Freilichtmuse-

um **Den Fynske Landsby** ❶ zu erreichen. 30 ländliche Gebäude sind in
diesem fünischen Dorf aufgebaut
(Sejerskovvej 20, Odense, http://mu
seum.odense.dk, Juli–Mitte Aug. tgl.
10–18, April–Juni, Mitte Aug.–Mitte Okt. Di–So 10–17 Uhr).

Das **Carl Nielsen Museet** ❿ widmet sich im Elternhaus südlich von
Odense dem Leben und Werk des
gleichnamigen Komponisten (1865
bis 1931), zweitberühmtester Sohn
der Stadt (Odensevej 2A, 5792 Års-
lev, Mai–Sept. Di–So 11–15 Uhr).

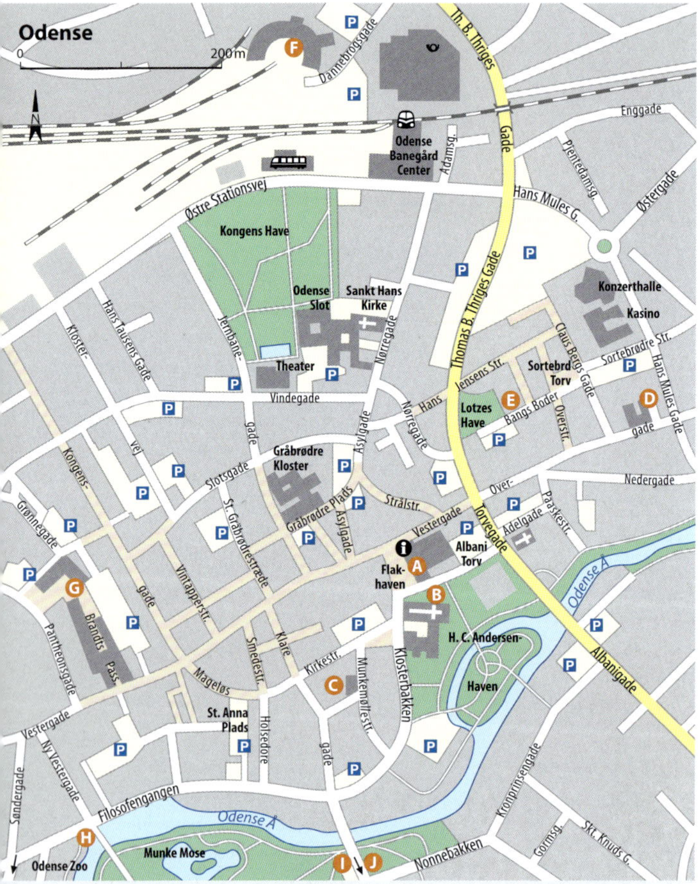

Odense

Ⓐ Rådhus	Ⓓ Møntergården	Ⓗ Odense Åfart
Ⓑ Skt. Knuds Kirke	Ⓔ H. C. Andersen Hus	Ⓘ Den Fynske Landsby
Ⓒ H. C. Andersen Barndomshjem	Ⓕ Jernbanemuseet	Ⓙ Carl Nielsen Museet
	Ⓖ Brandts	

Infos
Odense Turist Bureau
- Vestergade 2 | Odense
  Tel. 63 75 75 20
  www.visitodense.com

Hotels
Hotel Plaza €€€
Traditionsreiches Stadthotel mit viel
Atmosphäre und guter Küche.
- Østre Stationsvej 24 | Odense
  Tel. 66 11 77 45
  www.millinghotels.dk

Hotel Ansgar €€
Freundliches Mittelklassehotel.
- Østre Stationsvej 32 | Odense
  Tel. 66 11 96 93
  www.millinghotels.dk

Restaurants
Sortebro Kro €€€
Als Teil von Den Fynske Landsby › **S. 90**
speist man hier im Interieur des 19. Jhs.
- Sejerskovvej 20 | Odense
  Tel. 66 13 28 26
  www.sortebro.dk
  Mo–Sa 12–24 Uhr, So nur mittags

Restaurant Cro'n €€
Dänische Küche, frisch und deftig.
- Dronningensgade 29 | Odense
  Tel. 65 91 05 08
  www.restaurantcron.dk
  Mo–Sa ab 17 Uhr

Froggy's Café €
Gemütliches Café und Kneipe mit
kleinen Gerichten; Terrassenplätze.
- Vestergade 68 | Odense
  Tel. 65 90 74 47
  http://froggys.dk
  Tgl. ab 9/9.30 Uhr bis nachts geöffnet

Shopping
Klods Hans
Alteingeführter Laden mit Kunsthand-
werk und Souvenirs aller Art.
- Hans Jensens Stræde 34 | Odense
  Tel. 66 11 09 40
  www.klodshansodense.com

Vissenbjerg **2** [C5]

Rund um Vissenbjerg gibt es allerlei
Tierisches: Echsen und Reptilien
erlebt man im **Vissenbjerg Terrarium**
(Kirkehelle 5, Vissenbjerg, www.ter
rariet.dk, Juni–Aug. tgl. 10–18,
sonst bis 16 Uhr), dem größten seiner Art in Skandinavien. Einige Kilometer südlich gibt es im **Fryden-
lund Vogelpark** 700 Vögel aus aller
Welt zu sehen (Skovvej 48–50, Tom-
merup, www.danmarksfuglezoo.dk,
Ostern–Sept. tgl. 10–16, Juni–Aug.
bis 18 Uhr).

Middelfart **3** [C5]

Die Stadt (15 200 Einw.) entstand
um die »mittlere Überfahrt« über
den Kleinen Belt. Ihre Rolle als Brückenkopf nach Westen dokumentiert das **Middelfart Museum** im ro-
ten **Henner Friisers Hus,** das ein
imponierendes Fachwerkhaus von
1570 ist (Brogade 8, Tel. 64 41 47 41,
www.middelfart-museum.dk, Ende
Mai–Ende Okt. Di–Sa 12–16 Uhr).
Ein weiterer Museumsteil in der Algade 8 zeigt Sonderausstellungen
und informiert über den Walfang
(Ende Mai–Ende Okt. Di–Sa 11 bis
17 Uhr): Der Kleine Belt war näm-
lich bis Ende des 19. Jhs. Dänemarks
bedeutendster Walfangplatz.

In der **Skt. Nicolai Kirke** hängen noch die Kieferknochen eines 1603 gefangenen Großwals.

Shopping

Keramikmuseum Grimmerhus
Der Museumsshop verkauft schöne Keramik von der Skulptur bis zu Alltagsgegenständen.
• Kongebrovej 42 | Middelfart
https://claymuseum.dk
Di–So 10–17 Uhr

Hotel

Hindsgavl Slot €€€
Nobles Schlosshotel mit romantischem Park am Kleinen Belt.
• Hindsgavl Allé 7 | Middelfart
Tel. 64 41 88 00 | www.hindsgavl.dk

Camping

Ronæs Strand Camping
Direkt am Meer, 12 km südl. von Middelfart. WLAN, Motorbootverleih und Hüttenvermietung.
• Ronæsvej 10 | Nørre Aaby
Tel. 64 42 17 63
www.camping-ferie.dk

Assens 4 [C5]

In dem 800 Jahre alten Städtchen (ca. 6000 Einw.) wurde der Seeheld Peter Willemoes (1783–1808) geboren, an den eine Statue am Hafen und ein Seefahrtsmuseum in seinem Geburtshaus erinnert.

Das Ergebnis großbürgerlicher Raritäten- und Antiquitäten-Sammelleidenschaft zeigt die private **Ernst-Sammlung** (Østergade 57, Tel. 64 71 31 90, www.visitassens.de, Zugang nur mit Führung).

Faldsled 5 [C5]

Das nette Dörfchen Faldsled (auch: Falsled; 540 Einw.) kann mit einem eigenen Jachthafen, kinderfreundlichen Sand- sowie Steinstrand mit seichtem Wasser aufwarten. Im ca. 7 km entfernten **Horne** liegt die einzige Rundkirche Fünens. Eine Grafenloge von 1820 im Inneren imitiert Kopenhagener Theaterlogen.

Hotel/Restaurant

Falsled Kro €€€
Stilvolle Zimmer und luxuriöse Annehmlichkeiten im idyllischen Reetdachhaus (16. Jh). Das gleichnamige Restaurant ist eine der besten kulinarischen Adressen Dänemarks.
• Assensvej 513 | Millinge
Tel. 62 68 11 11
www.falsledkro.dk

Faaborg 6 ⭐ [C5]

Die Stadt (7100 Einw.) besitzt im alten Kern viele malerische Winkel, die man vom Glockenturm der **Skt. Nicolai Kirke** am besten überblickt. **Faaborg Museum for Fyns Malerkunst** zeigt Werke der Fünen-Maler und Bildhauer wie Kai Nielsen (1882–1924), der auch den freizügigen Ymerbrunnen auf dem Markt schuf. (Grønnegade 75, www.faaborgmuseum.dk, Juli–Aug. Di–So 10–17, sonst Di–So 11–16 Uhr)

Wer sich für **Schlösser** interessiert, wird in der Umgebung fündig: Arreskov Slott, Brahetrolleborg Slott und Holstenhuus Slott können zwar nicht besichtigt werden, doch schon allein ihre Schlossparks lohnen.

Idyllisch ist Ærøskøbing, der größte Ort der Insel Ærø

Hotels/Restaurants

Færgegaarden €€€
Freundliches Hotel in der Altstadt mit gutem Restaurant.
• Chr. IX's Vej 31 | Faaborg
Tel. 62 61 11 15
www.hotelfg.dk

Fåborg Fjord €€–€€€
Modernes Hotel mit Restaurant am Stadtrand.
• Svendborgvej 175 | Faaborg
Tel. 62 61 10 10
www.hotelfaaborgfjord.dk

Dänische Südsee ★

Die Inselwelt südlich von Fünen wird als »Dänische Südsee« oder auch »Dänische Karibik« gepriesen, mit ihren hübschen Dörfern und Städtchen entspricht sie ganz dem Ideal eines Andersenschen Märchenlands. Inselfeeling erlebt man auf den kleinsten, aber schönen und ruhigen Inseln am intensivsten.

Schon die Anfahrt mit der Fähre ist ein Genuss. Ab Svendborg erreicht man **Hjortø** (90 ha; 6 Einw.), **Skarø** (197 ha; 31 Einw.) und **Drejø** (426 ha; 69 Einw.), ab Faaborg **Avernakø** (590 ha; 114 Einw.), **Bjørnø** (150 ha; 32 Einw.) und **Lyø** (60 ha; 99 Einw.), das mit ihrem heimeligen Dorfmilieu und dem Dolmengrab Klokkestenen ein reizvolles Ziel für einen Tagesausflug ist. Gleiches gilt für **Strynø** (488 ha; 179 Einw.) mit ihrem urigen Kro.

Ærø **7** [C6]

Die Insel Ærø (ca. 6200 Einw.) ist mit 8807 ha da schon ein paar Nummern größer. Man erreicht sie mit Fähren ab Svendborg und Faaborg, Rudkøbing auf Langeland sowie Mommark auf Als. Kleine Dörfer mit reetgedeckten Häusern und zwei pittoreske Städte prägen das idyllische Bild. Den größten Anteil daran hat **Ærøskøbing** ★ mit seinen verwinkelten Gassen, meterhohen Stockrosen vor gepflegten Fachwerkhäusern, den verzierten, bunten Hauseingängen und natürlich mit dem Dukkehuset, dem kleinsten Haus der Stadt. Das bekannteste der örtlichen Museen, die **Flaske-Peters Samling** ⭐, zeigt mehrere hundert Buddelschiffe und Schiffsmodelle (Smedegade 22, http://flaskepeters-samling.dk, Mitte Mai–Ende Juni, Ende Aug.–Mitte Sept. Mo–Sa 11 bis 15, Ende Juni–Ende Aug. tgl. 10 bis 16 Uhr).

Marstal wirkt moderner, obwohl der Ort im 18. und 19. Jh. eine Blüte als Handels- und Seefahrerstadt erlebte: Die Handelsflotte war zeitweise größer als die Kopenhagens. Alte Seefahrertradition lebt im **Søfartsmuseum** in der Prinsengade wieder auf oder kann im Hafen live erlebt werden, wenn im Sommer Oldtimerschiffe festmachen. Sehenswürdigkeiten außerhalb sind einige Landkirchen und Zeugnisse aus der Vorzeit: **Bregninge Kirke** besitzt spät-

gotische Kalkmalereien und einen Claus-Berg-Altar ⭐, **Søby Voldanlæg** ist der Rest einer Wallanlage aus der Wikingerzeit, und in **Store Rise** stößt man auf ein Dolmengrab.

Info

Ærø Turistforening
• Ærøskøbing Havn 4
  Tel. 62 52 13 00
  www.arre.dk

Hotels

Ærø Hotel €€–€€€
Modernes Hotel mit Restaurant.
• Egehovedvej 4 | Marstal
  Tel. 62 53 24 06
  www.aeroehotel.dk

Aroma Hotel €€
Helle, gepflegte Zimmer, Studios und Apartements mit Gemeinschaftsbad. Tolles Frühstück, zentrale Lage.
• Gilleballetofte 2A | Ærøskøbing
  Tel. 40 40 26 84
  www.cafe-aroma.dk

SEITENBLICK

Die Storebelt-Verbindung

Über 100 Jahre diskutierten die Dänen eine feste Verbindung über den Großen Belt. 1989 begannen sie dann mit dem Bau, 1997 wurde die Eisenbahntrasse fertig, im Juni 1998 folgte die Autobahn. Die »Storebæltsforbindelsen« ist beeindruckend: 18 km Seeweg zwischen Fünen und Seeland sind überwunden, mit einem Zwischenstopp auf dem Inselchen Sprogø auf halbem Wege. Von Fünen bis dorthin verlaufen Straße und Schiene über eine 6,6 km lange Flachbrücke. Zwischen Seeland und Sprogø verschwinden die Züge in zwei 8 km langen Röhren unter dem Meer, während Autos über eine 6,8 km lange Hängebrücke fahren, die an zwei 260 m hohen Pylonen (Weltrekord) und einer freien Spannweite von 1624 m (Weltrekord) aufgehängt ist. Die geplanten Kosten von 18 Mrd. DKK wurden mit realen 29 Mrd. DKK weit übertroffen. Die Refinanzierung soll durch Mautgebühren – Pkw 33 €, über 6 m Länge 50 €/Fahrt – bis 2035 abgeschlossen sein (www.storebaelt.dk).

Mit dem Oldtimerschiff M/S Helge zur Insel Tåsinge

Svendborg 8 [C5]

In der zweitgrößten Stadt Fünens (27 300 Einw.) gibt es viel zu entdecken: ausgezeichnet restaurierte Fachwerkhäuser im Zentrum, schön hergerichtete Hafenspeicher und geschäftige Fußgängerstraßen. Abends lockt die Kleinstadt mit einem erstaunlich lebhaften Nachtleben.

Im **Anne Hvides Gård** von 1560 in der Fruestræde 3 ist das kulturhistorische Museum (18./19. Jh.), das in den Sommermonaten Wechselausstellungen zeigt. Im **Forsorgsmuseet** (Fürsorgemuseum), einem einstigen Armenhaus, wird die dänische Wohlfahrtsgeschichte dokumentiert (Grubbemøllevej 13, Svendborg, Mitte Febr.–April 10–14, Mai–Mitte Dez. Di–So 10-16 Uhr).

Info

Svendborg Turistbureau
• Havnepladsen 2
  Svendborg
  Tel. 62 23 69 51
  www.visitsvendborg.dk

Hotel

Best Western Svendborg €€€
Stadthotel mit gutem Restaurant.
• Centrumspladsen 1 | Svendborg
  Tel. 62 21 17 00
  www.hotel-svendborg.dk

Inseln vor Svendborg

Tåsinge 9 [C5–D5]

Über die Svendborgsund-Brücke oder mit dem **Oldtimerschiff M/S Helge** von 1924 (Anfang Mai bis Anfang Sept.) gelangt man auf die Insel Tåsinge (6150 Einw.). Fachwerkhäuser mit Reetdächern prägen den idyllischen Hauptort **Troense** mit der barocken Schlossanlage **Valdemars Slot** ⭐. Das Schlossmuseum führt durch einige der historischen Räume. Außerdem locken die Jagd- und Trophäensammlung sowie das Museum für Segelsport (www.valdemarsslot.dk, Ende April bis Ende Sept. tgl. 10–17, Anfang Juli–Anfang Aug. bis 19 Uhr).

Restaurant

Restaurant Valdemars Slot €€–€€€

Das Restaurant im Keller des Schlosses serviert Smørrebrød, Lunch-Gerichte, Kaffee und Kuchen.

• Slotsalleén 100 | Troense | Tåsinge
Tel. 62 22 59 00
Ostern–Ende Sept. tgl. 10–17 Uhr

Camping

Vindebyøre Camping

Schöner Platz mit Blick auf Svendborg. Okt.–Ende März geschl.

**! Erst-
klassig**

Gratis entdecken

• Wildes Zelten ist in Dänemark verboten. Für Wanderer, Radler, Reiter oder Kanuten gibt es aber rund 1000 einfache, oft kostenlose **Zeltplätze**. Das Buch »Overnatning i det fri« listet alle auf.
• Mitte August zum kostenlosen **Blumenfestival** nach Odense › S. 88. 200 000 Pflanzen zieren dann die Hauptstadt von Fünen (www.blomsterfestival.dk).
• Im **Filmhuset [c3]** des dänischen Filminstituts in Kopenhagen werden gratis Kinder-, Dokumentar- und Kurzfilme gezeigt, und in ganz Dänemark gibt es Open-Air-Kinos für kostenlose Filmvorführungen (alle Infos: Det Danske Filminstitut, Gothersgade 55, Kopenhagen, www.dfi.dk).
• **Dänemarks Küsten** erstrecken sich über 7300 km – und der Zugang ist überall kostenlos. Eine Kurtaxe kennen die Dänen nicht.

• Vindebyørevej 52 | Tåsinge
Tel. mobil 21 72 09 13
www.svendborgsund-camping.de

Langeland ⭐

Eine weitere Brücke führt auf die Insel Langeland (28 381 ha; 12 400 Einw.) mit **!** flachen, kinderfreundlichen Stränden. Die Hauptstadt **Rudkøbing** 10 **[D6]** besitzt ein gemütliches Hafenviertel und viele malerische Gassen. Den schönen Fachwerkhof an der Fußgängerzone Østergade nutzt heute das originelle Antiquitätengeschäft **Tingstedet** (www.tingstedet-langeland.dk).

Dörflich wirkt **Tranekær** 11 **[D5]** mit dem **Tranekær Slot** (tranekaer gods.dk). **50 Dinge** 28 › S. 15. Die Schlossmühle (1845) beherbergt ein Mühlenmuseum. Der Geschichte kann man an den rund 30 prähistorischen Fundstätten nachspüren: Gleich neben der spätromanischen Kirche von **Humble** findet man das 55 × 9 m große Langdolmengrab **Kong Humbles Grav**.

Restaurant

Lindelse Kro

Typischer dänischer Landgasthof.

• Langegade 21 | Lindelse
Tel. 62 57 24 03 | www.lindelsekro.dk

Schloss Egeskov 12 ⭐ [C5]

Einen ganzen Tag kann der Besuch des wunderschön gelegenen Schlosses mühelos füllen. Es zählt zu Europas schönsten Renaissance-Wasserburgen: Rote Backsteinmauern,

Aus Eichenpfählen schuf man eine Insel für Schloss Egeskov

Türme und Treppengiebel spiegeln sich im Wasser vor dem Grün des herrlichen Parks mit Buchsbaumhecken, Bambus-Irrgarten und Kräutergarten. Je nach Jahreszeit kann man auch Pflanzen kaufen. In den Ausstellungen gibt es Landwirtschaftsgeräte und Kutschen sowie ein Oldtimermuseum mit Autos und Flugzeugen zu sehen (www. egeskov.dk, Ende April–Ende Okt. tgl. 10/11–17/18/19 Uhr, genaue Öffnungszeiten siehe Website).

Lindeskov 13 [C/D5]

Im Gebiet um Lindeskov sind mehrere vorgeschichtliche Denkmäler erhalten. Sieben Dolmen und das längste Kammergrab Dänemarks gibt es zu entdecken.

Nyborg 14 [D5]

Ihr historisches Flair zeichnet die charmante Stadt (17 200 Einw.) aus. Das **Landporten,** das längste Stadttor

Dänemarks, durchschreitet man auf einer Länge von 40 m. Im Rittersaal des ältesten dänischen Königsschlosses **Nyborg Slot** ⭐ (1170) erklingen den Sommer über sonntags Kammermusikkonzerte (www. nyborgslot.dk, bis Ende 2020 wg. Renovierung geschl.; der »Mayor's Yard« ist geöffnet: April–Mai, Sept. bis Okt. Di–So 10–15, Juni–Aug. tgl. bis 16 Uhr).

Im Sommer werden vom Touristenbüro Nyborg **Schweinswalsafaris** angeboten (www.visitnyborg.de).

Hotel

Hesselet €€€
Tophotel im Wald direkt am Meer.
• Christianslundvej 119 | Nyborg
  Tel. 65 31 30 29
  www.hotel-hesselet.dk

Kerteminde 15 [D5]

Kerteminde schmiegt sich um den in die Ostsee mündenden Kertinge Nor. Schmuckstück im Zentrum ist der Farvergården von 1630. Am Nordrand weist eine Windmühle den Weg zum **Johannes-Larsen-Museum**, das v. a. Arbeiten der Fünen-Maler zeigt (Møllebakken 14, Di–So 10–16, Juni–Aug. tgl. bis 17 Uhr). Am Hafen informiert das **Fjord- & Bæltecentret** über das Leben in den dänischen Meeren. Attraktion ist ein Freibecken mit Schweinswalen. In der Ostsee um Fünen leben rund 1500 dieser kleinsten Wale der Welt (Margrethes Plads 1, www.fjord-baelt.dk, Febr.–Nov. Di–So 10 bis 17 Uhr). **50 Dinge** ㉓ › **S. 15.**

In einem Hügel am See Kertinge Nor bei Ladby fand man Dänemarks einziges Wikingergrabschiff. Das Schiff wird heute im **Vikingemuseet Ladby** ausgestellt. Man erfährt Wissenswertes über seine Geschichte und die Zeit (Vikingevej 123, Di–So 10–16, Juni–Aug. tgl. bis 17 Uhr).

Info

Turistbureau
• Hans Schacksvej 5 | Kerteminde
Tel. 65 32 11 21
www.visitkerteminde.dk

Hotel

Tornøes Hotel €€–€€€
Traditionshaus in Hafennähe mit Panoramarestaurant.
• Strandgade 2 | Kerteminde
Tel. 65 32 16 05
www.tornoeshotel.dk

Restaurant

Rudolf Mathis €€–€€€
⚠ Exklusives Fischrestaurant mit Terrasse direkt am Kai.
• Dosseringen 13 | Kerteminde
Tel. 65 32 32 33
www.rudolf-mathis.dk
Di–Sa 12–13.45, 18–21.30 Uhr

Ausflug nach Nordfünen

Nördlich von Kerteminde schiebt sich die Halbinsel **Hindsholm** ins Kattegat bis zum Kap **Fyns Hoved** mit seiner abwechslungsreichen Küste. Neben der Straße dorthin ist Dänemarks größtes Kammergrab **Mårhøj** unübersehbar (zur Erkundung Taschenlampe mitbringen!).

Wanderwege erschließen das Naturschutzgebiet auf der Landzunge **Enebærodde,** die sich in die schmale Öffnung des Odense Fjord schiebt. Von dort ziehen sich Fünens beste Strände an der Küste entlang westwärts bis zu den Flyvesand-Dünen auf Agernæs.

Oben: Im Johannes-Larsen-Museum
Rechts: Ferienhaus am Nyminde Strøm, im Süden des Ringkøbing Fjords

JÜTLAND

Kleine Inspiration

- **In Ribe die älteste Stadt Dänemarks erkunden** bei einer kostenlosen Nachtwächtertour › S. 110
- **Wandern im Thy Nationalpark,** dem ersten Nationalpark des Landes › S. 118
- **Mit je einem Fuß in der Nord- und Ostsee stehen** in Grenen › S. 121
- **Die in Stein gemeißelte Geburtsurkunde Dänemarks bestaunen** in Jelling › S. 126
- **Mit der Fähre übersetzen** auf die Kattegat Insel Samsø › S. 127
- **Vom Himmelbjerg den Blick schweifen lassen** über die Seenlandschaft von Silkeborg › S. 129

Die Westküste ist Jütlands dramatische Seite, mit Steilküsten, Wanderdünen und langen Sandstränden. Die Ostseeküste ist eher still, bleibt aber mit Aalborg und Aarhus auch bei schlechtem Wetter attraktiv.

Jütland (Jylland) ist das Land der Meere. Im Osten wird es von der Ostsee, im Westen von der Nordsee begrenzt – im Norden bei Grenen treffen beide Meere aufeinander.

Wer im Westen der langen Halbinsel unterwegs ist, sucht und findet lange Strände, ausgedehnte Dünenlandschaften und den rauen Charme der Nordsee. Wind und Wellen sind ideal für Surfer und Windsurfer, nicht umsonst zählt Klitmøller im Nordwesten Jütlands zu den besten Surfrevieren Europas.

Bei Surfern wie bei Badeurlaubern beliebt ist die 35 km lange und extrem schmale Dünennehrung Holmsland Klit, eine der schönsten Ferienhaus- und Campingregionen Dänemarks. Und auch der Limfjord, der Jütland von der Nord- zur Ostsee durchschneidet, ist ein Mekka für Wassersportler.

Sand ist der Stoff, aus dem **Westjütland** (Vestjylland) gemacht ist. Manche Strände sind so lang und so breit, dass man sie sogar mit dem Auto befahren darf, wie etwa auf Rømø oder an der Jammerbucht. Wer nach Westjütland reist, will Urlaub abseits von Stress und Hektik, will selbst bestimmen, wie er seinen Tag plant, was er tun und was er erleben will. Entsprechend sind Ferienhäuser auch die beliebteste Form der Unterkunft.

Jeden Samstag, wenn in ganz Jütland »Bettenwechsel« ist, quälen sich während der Saison Autokolonnen in die Urlaubsgebiete – den

Blick auf den Hafen in Hanstholm

Rest der Woche, wenn alle einquartiert sind, geht es dann ruhig und entspannt zu. Im Hinterland beider Küsten Jütlands trifft man auf idyllische Dörfer und Städte mit typisch dänischem Charme. Für diese Gemütlichkeit hat das Dänische ein passendes Wort, »hyggelig«, und in Westjütland mit Ribe eine Stadt, die alle damit verbundenen Klischees perfekt erfüllt.

Hauptanziehungspunkte für eine Reise nach **Ostjütland** (Østjylland) sind die beiden Städte Aarhus und Aalborg sowie die Strände der Ostsee. Insbesondere Familien mit Kindern wissen die ruhigere Ostsee zu schätzen. Außerdem wird Jütland, je weiter man nach Norden kommt, immer schmaler. Dann kann man je nach Lust und Laune zwischen den rauen Wassern der Nordsee und der stilleren Ostsee hin- und herwechseln; manchmal bringt der Küstenwechsel sogar besseres Wetter. Ferienhäuser findet man auch im Osten der Halbinsel zur Genüge. Hier gibt es weniger großflächige Anlagen, und man hat gute Chancen, ein alleinstehendes Häuschen zu mieten.

Aarhus und Aalborg sind – für dänische Verhältnisse – große Städte und beide für ihr quirliges Nachtleben bekannt. Damit bieten sie genau das richtige Kontrastprogramm zum geruhsamen Strandleben. Wer zur rechten Zeit unterwegs ist, kann in Aalborg den Pfingstkarneval oder in Aarhus das Musikfestival SPOT im Mai miterleben. Beide Städte bieten darüber hinaus hervorragende Einkaufsmöglichkeiten.

Touren in der Region

 ## Inseln und Fjorde

Route: Rømø › Løgumkloster › Ribe › Hvide Sande › Ringkøbing › Holstebro › Spottrup Slot › Mors › Hanstholm

Karte: siehe Seite 102
Dauer: 3–5 Tage
Praktische Hinweise:
- Auf die Insel Rømø gelangt man über den ca. 10 km langen mautfreien Rømø-Damm, der die Insel mit dem Festland verbindet.

- In Ribe finden abends um 20, im Sommer auch um 22 Uhr, Stadtführungen mit Nachtwächtern statt. Der Rundgang beginnt am Torvet beim Restaurant Weis Stue, dauert 45 Min. und ist kostenlos.

Tour-Start:

Meer und Kultur stehen im Mittelpunkt der Route, die entlang der westjütländischen Küste in den Norden führt. Die Insel **Rømø** **5** › S. 109 lockt vor allem wegen ihrer Strände, darunter der breiteste Strand Europas.

Hanstholm
Nykøbing
Fur
Branden
Aars
Rebild
Skov
Rold
Rold
Hadsund
Vestervig
Mors
Ydby
Ydby Hede
Thyborøn
Gedsted
Nissum Bredning
Thyholm
Spøttrup
Hobro
Fyrkat
Mariager
Skive
Skals Å
Ferring
Venø
Lemvig
Vinderup
Struer
Hjerl Hede
Skive Å
Viborg
Randers
E 45
Nørreå
Daugbjerg
Thorsminde
Nørre Wosborg
Holstebro
Nissum Fjord
Bjerringbro
Elmusset
Lilleå
Vedersø Klit
Vedersø
Stadil Fjord
Kjellerup
Storå
Karup Å
Gudenå
Ikast
Søndervig
Ring-købing
Herning
Silkeborg
Århus
Videbæk
Himmelbjerg
147
Ry
Ring-købing-Fjord
Hvide Sande
Skanderborg
Yding Skovhøj
174
Ejer Bavnehøj
171
Tebstrup
Skjern
Skjern Å
Omme Å
Nørre-Shede
Holmsland Klit
Nymindegab
Ølgod
Give
Horsens
Grindsted
Billund
Jelling
Alrø
Henne Strand
Legoland
Hedensted
Henne Kirkeby
Vejle
Varde Å
Juelsminde
Blåvands Huk
Varde
Vejle Fjord
Blåvand
Egtved
Fredericia
Bogense
Esbjerg
Bramming
E 20
Vejen
Kolding
Middelfart
Odense
Nordby
Kongeå
113
Skamlingsbanken
Ejby
Fanø
Brandsø
Vissenbjerg
Ribe
Sønderho
Ribe Å
Christiansfeld
Bågø
Harwich
Mandø
Vester Vedsted
Glamsbjerg
Wattenmeer
Vojens
Haderslev
Årø
Assens
Rømø
Brøns
Toftlund
Lillebælt
Kirkeby
Havneby
Knivsbjerg
97
Barsø
Brede Å
Bøjden
Rødekro
Aabenraa
Nordborg
Løgumkloster
Lyø
Sylt
Højer
Fynshav
Westerland
Møgeltønder
Tønder
Tinglev
Als
Vidå
Gråsten Slot
Dybbøl
Sønderborg
Frøslevlejren
Kruså
0
20 km
DEUTSCHLAND
Flensburg
Flensburg

Auf dem Festland führt zunächst ein Abstecher nach **Løgumkloster** 4 › S. 108, wo es eine spätromanische Klosterkirche zu besichtigen gibt, bevor es weiter nach Norden geht. Man erreicht **Ribe** 6 › S. 110, die älteste Stadt des Landes, mit ihrem schönen Dom und einer gemütlichen Altstadt.

Hvide Sande 10 › S. 113, einer der wichtigsten Touristenorte Jütlands, liegt zwischen der Nordsee und dem Ringkøbing Fjord. Mit herrlichen Dünen und Sandstränden ist die Gegend ideal für alle, die Strand und Wasser lieben.

Von **Ringkøbing** 12 › S. 113 mit seiner schönen Altstadt führt die Strecke landeinwärts nach **Holstebro** 15 › S. 117, eine Stadt mit einer besonderen Leidenschaft für die Kunst: Überall sind Skulpturen aufgestellt, und das Kunstmuseum zeigt seine Sammlung dänischer Maler der Moderne.

Über die mittelalterliche **Burg Spøttrup** 19 › S. 118 gelangt man über Brücken auf die **Insel Mors** 21 › S. 118 im Limfjord. Von der Hanklit an der Nordküste hat man einen schönen Blick auf den größten Fjord des Landes, der auf 180 km Länge Jütland teilt. Die Verbindung zur Nordsee schuf erst 1825 eine Sturmflut, die die Landzunge Agger

Tange durchbrach. Hier wurde 2008 der erste Nationalpark des Landes eröffnet. Hinter Mors überquert man noch einmal den Limfjord und erreicht den Nordteil Jütlands, der eigentlich die zweitgrößte Insel Dänemarks ist. Bei **Hanstholm** 24 › S. 119 erblickt man zum Schluss wieder die Nordsee.

Beachhopping im Norden

Route: **Skagen** › **Hirtshals** › **Råbjerg Mile** › **Løkken** › **Blokhus** › **Rødhus** › **Tranum Strand** › **Slettestrand** › **Hanstholm** › **Klitmøller**

Karte: siehe Seite 106
Dauer: 1–3 Tage
Praktischer Hinweis:
• Einige Strandabschnitte kann und darf man mit dem Pkw befahren. Dabei sollte man allerdings nie die festgefahrene Spur verlassen, denn im tiefen Sand sitzt man schnell fest. Vorsicht ist außerdem geboten, wenn das Nordseewasser an den Strand drückt und vermeintliche »Pfützen« zu durchfahren sind.

Tour-Start:

Pack die Badehose ein! Und am besten auch noch das Surfbrett. Diese Tour ist gedacht für Wassersportfans, die sich auf den Weg zu den besten Stränden Jütlands machen wollen. Ausgangspunkt ist **Skagen** 30 › S. 121, die nördlichste Stadt Dänemarks. Hier steht vor der Abfahrt der Besuch der großen Wander-

Tour in Westjütland

Tour 8

Inseln und Fjorde

Rømø › Løgumkloster › Ribe › Hvide Sande › Ringkøbing › Holstebro › Burg Spøttrup › Insel Mors › Hanstholm

dünen auf dem Programm. Anschließend geht es weiter in Richtung Südwesten. In **Hirtshals** 28 › **S. 120** sollte man sich auf keinen Fall das Nordsøen Oceanarium entgehen lassen. Im größten Aquarium Nordeuropas tummeln sich Robben und Mondfische.

Bei der Tour verlässt man immer wieder die Hauptstraße und folgt den Stichstraßen ans Meer. Mitunter, wie etwa zwischen Løkken › **S. 119** und Rødhus, kann man auf dem herrlich breiten Strand fahren. Bei **Blokhus** 25 › **S. 119** bietet sich ein Abstecher zum Freizeitpark Fårup Sommerland › **S. 28** mit seinem großen Aquapark an. Entlang der Jammerbugt › **S. 119** trifft man auf herrlich breite Sandstrände wie Tranum Strand oder Slettestrand. Ein Höhepunkt für Wassersportler ist **Klitmøller** 23 › **S. 119**, das als eines der

besten Surfreviere Europas gilt. Übernachten kann man sehr gut in **Hanstholm** 24 › **S. 119**.

Tour 10 Durch Mitteljütland

Route: **Silkeborg** › **Aarhus** › **Rosenholm** › **Ebeltoft** › **Grenaa** › **Gammel Estrup** › **Randers** › **Viborg** › **Silkeborg**

Karte: siehe Seite 106
Dauer: 1–2 Tage
Praktische Hinweise:
- Nicht ganz billig ist das Parken im Zentrum von Aarhus. Die 1. Std. kostet ca. 1,60 €, danach könnnen die Preise auf über 3 €/Std. steigen.
- Das Aarhus Kunstmuseum ist montags geschlossen.

Bei Grenen trifft man auf Ost- und Nordsee und viele Touristen

Tour-Start:

Keine andere Tour bietet eine solche Vielfalt von Natur- und Kulturerlebnissen auf so kurzer Strecke. Die Rundfahrt beginnt und endet in **Silkeborg** 46 › **S. 128,** einer sehenswerten Kleinstadt, in der vor allem das Kunstmuseum Beachtung verdient. Im Umland der Stadt erhebt sich in einer kleinen Seenlandschaft der Himmelbjerg, von dem man eine herrliche Aussicht hat.

Weiter geht es auf der nur ein paar Kilometer entfernten Hauptstraße nach **Aarhus** 47 › **S. 129.** Die zweitgrößte Stadt des Landes bietet nicht nur herausragende kulturhistorische Sehenswürdigkeiten wie die Vor Frue Kirke, auch die Restaurant- und Kneipenszene im Latinerkvarteret ist bemerkenswert.

Über Schloss Rosenholm › **S. 133** wird das Ostseestädtchen **Ebeltoft** 49 › **S. 133** mit seiner malerischen Altstadt erreicht. In **Grenaa** 50 › **S. 134** lohnt das Kattegatcenter mit seinen Aquarien einen Besuch, in denen man sogar Haie bewundern kann. Wer das Kattegat live erleben will, kann in Grenaa die Fähre zur **Insel Anholt** 51 › **S. 134** besteigen, die mit einer wüstenartigen Dünen- und Heidelandschaft beeindruckt. Die am weitesten vom Festland entfernte Insel der Ostsee verfügt aber auch über feine Sandstrände.

Über Schloss Gammel Estrup › **S. 133** und **Randers** 52 › **S. 134** gelangt man nach **Viborg** 53 › **S. 134.** Hauptsehenswürdigkeit ist der neoromanische Dom mit seinen großen Wand- und Deckengemälden. Von hier geht es zurück nach Silkeborg.

Panorama-Walkway im ARoS Kunstmuseum in Aarhus

 Zu den besten Kunstmuseen

Route: Kolding (Kunstmuseum Trapholt) › **Aarhus (ARoS)** › **Silkeborg (Kunstmuseum Jorn)** › **Aalborg (Nordjyllands Kunstmuseum)** › **Schloss Voergaard** › **Skagen (Skagens Museum)**

Karte: siehe Seite 106
Dauer: 3–7 Tage
Praktischer Hinweis:
• Alle Museen sind montags geschlossen. Wer die fantastische Kunstsammlung von Schloss Voergaard besichtigen will, muss die stark eingeschränkten Öffnungszeiten außerhalb der Sommersaison beachten.

Tour-Start:

Jütland hat mit seinem besonderen Licht schon immer Künstler angelockt. Bekannt sind die Skagen-Maler um P. S. Krøyer, Christian Krohg und das Ehepaar Ancher, die in **Skagen 30** › **S. 121** im Skagens Museum ausgestellt sind. Auf dem Weg dahin führt diese Tour zu den wichtigsten und schönsten Museen Jütlands.

Das Kunstmuseum Trapholt in **Kolding 38** › **S. 124** versammelt v. a. dänische Künstler des 20. Jhs. und zeigt Designmöbel. Das ARoS in **Aarhus 47** › **S. 130** begeistert mit seiner Architektur und einer Sammlung, die vom 17. Jh. bis zur zeitgenössischen Kunst reicht.

In **Silkeborg 46** › **S. 128** und **Aalborg 56** › **S. 138** steht dann die Künstlergruppe CoBrA im Mittelpunkt. Ein Muss für Fans vergangener Zeiten ist **Schloss Voergaard 57** › **S. 141**: Graf Oberbech-Clausen hat in dem von einem Wallgraben umgebenen Bau (16. Jh.) Werke von Goya, Rubens, Raffael und El Greco zusammengetragen.

Touren in Ostjütland

Tour 9

Beachhopping im Norden

Skagen › Hirtshals › Råbjerg Mile › Løkken › Blokhus › Rødhus › Tranum Strand › Slettestrand › Hanstholm › Klitmøller

Tour 10

Durch Mitteljütland

Silkeborg › Aarhus › Rosenholm › Ebeltoft › Grenaa › Gammel Estrup › Randers › Viborg › Silkeborg

Tour 11

Zu den besten Kunstmuseen

Kolding (Kunstmuseum Trapholt) › Aarhus (ARoS) › Silkeborg (Kunstmuseum) › Aalborg (Nordjyllands Kunstmuseum) › Schloss Voergaard › Skagen (Skagens Museum)

Unterwegs in Westjütland

Tønder 1 [B5/6]

Bis ins 16. Jh. war Tønder (7700 Einw.) eine bedeutende Hafenstadt und im 17. Jh. ein Zentrum europäischer Spitzenklöppelei. Vom Reichtum der Spitzenhändler zeugen Bürgerhäuser mit prächtigen Portalen. Die Stadtmitte überragt der 50 m hohe Turm der üppig ausgestatteten Kristkirke aus dem späten 16. Jh. Im Museumskomplex am Stadtrand kann man im **Kulturhistorie Tønder** des Museums Sønderjylland (Wegners Plads 1, www.museum-sonderjylland.dk, Juni–Aug. tgl. 10–17 Uhr, sonst Mo geschl.) u. a. die kunstvollen Klöppelarbeiten bewundern. Kunstwerke des 20. und 21. Jhs., insbesondere des dänischen Surrealismus, zeigt das **Kunstmuseum** (Adresse und Öffnungszeiten wie oben).

Nebenan in **Møgeltønder** 2 [A5] säumen Linden und malerische, zum Teil reetgedeckte Friesenhäuser die **Slotsgade**. Sie verbindet die üppig ausgestattete **Kirche**, die ihre Ursprünge in romanischer Zeit hat, mit dem Barockschloss **Schackenborg**. Es war bis vor Kurzem das Domizil von Prinz Joachim, Bruder des Kronprinzen Frederik, und seiner Familie.

Restaurant

Schackenborg Slotskro €€€
Zum Schloss gehört das für seine
! exzellente Küche bekannte Restaurant. Auch Hotel mit 25 Zimmern.
• Slotsgaden 42 | Møgeltønder
  Tel. 74 73 83 83 | www.slotskro.dk
  Tgl. 11–14.30, 17–21.30 Uhr,
  Jan., Febr. Mo geschl.

Højer 3 [A5]

Hier überragt Nordeuropas größte hölzerne Windmühle die vielen denkmalgeschützten Häuser des Ortes (1360 Einw.). Westlich des Zentrums ist neben der **Højer Sluse** von 1861 ein altes Fischermilieu am Ufer der Vidå wiedererstanden. Vor den jüngeren Deichen mit dem modernen Sperrwerk **Vidå Sluse** breitet sich dieser Teil des Wattenmeeres bis zur Insel Sylt aus.

Løgumkloster 4 [B5]

Der Ort (3260 Einw.) entwickelte sich um ein bedeutendes Zisterzienserkloster, dessen mächtige, aber schlichte **Backsteinkirche** vom Wandel der Romanik zur Gotik geprägt ist. Südwestlich, an der Straße nach Tønder, kann man auf schönen We-

SEITENBLICK

Die Schwarze Sonne
Jedes Jahr im Frühling und Herbst bilden bis zu einer Million Stare auf der Durchreise am Himmel eine »Schwarze Sonne«. Gute Chancen auf das Schauspiel hat man beim Damm nach Rømø › S. 109, im Röhricht beim Rudbøl-See und am Møllehus-Grenzübergang nach Aventoft.

gen **Draved Skov,** Dänemarks letzten Urwald, durchwandern.

Ideales Ausflugsziel für Familien mit Kindern ist der **Hjemsted Old-tidspark** bei Skærbæk 20 km nordwestlich. Das Museum zur Frühgeschichte ist lebendig gestaltet; im Erlebniszentrum zur Eisenzeit können Kinder mit Pfeil und Bogen üben (Hjemstedvej 60, Skærbæk, Tel. 74 75 08 00, www.hjemsted.dk, Mai–Okt. Di–So 10.30–16.30, Ende Sept.–Mitte Okt. auch So. geschl., Juli tgl. 10–17, Do bis 21.30 Uhr).

Schloss Schackenborg

Rømø 5 [A5]

Die größte Nordseeinsel Dänemarks (12 886 ha; 580 Einw.) erreicht man über den Damm quer durchs Wattenmeer oder mit der Fähre von List auf Sylt (www.syltfaehre.de). Bei Lakolk führt mehrspurig eine Straße auf █ Europas breitesten Strand, den man großteils mit dem Pkw befahren kann. Im Süden bei Havneby flitzen Strandsegler über den Sand und etwas abseits bleiben FKK-Freunde unter sich.

Im 17. und 18. Jh. wurde Rømø durch den Walfang vor Grönland reich. Daran erinnern heute noch der prächtige dreiflügelige Hof **Kommandørgården** (1748) von Toftum (Juvrevej 60, Mai–Sept. Di–So 10 bis 17, Okt. bis 15 Uhr) und die Kirche in **Kirkeby** (frühes 13. Jh.) mit schönen Votivschiffen und reich bebilderten Grabplatten der Kapitäne auf dem Kirchhof.

Jede Menge Spaß für Kinder verspricht der Freizeitpark **Rømø Lege-& Hesteland** › S. 28 in Havneby.

Info

Rømø Turistbureau
• Nr. Frankel 1 | Havneby | Rømø
Tel. 74 75 51 30
www.romo.dk

Hotels

Hotel Lakolk €€–€€€
Das einzige Hotel der Insel, das direkt am herrlichen Strand von Lakolk liegt.
• Lakolk 150 | Rømø
Tel. 74 75 51 45
www.hotel-lakolk.dk

Danhostel Rømø Vandrerhjem €–€€
Reetgedeckter Hof mit 25 Familienzimmern. Mitte April–Ende Okt.
• Lyngvejen 7 | Havneby | Rømø
Tel. 74 75 51 88
www.danhostel.dk

Camping

Kommandørgårdens Camping
Reitstall und Hüttenvermietung. Ganzjährig geöffnet.
• Havnebyvej 201 | Mølby | Rømø
Tel. 74 75 51 22
www.kommandoergaarden.dk

Ribe 6 5 [A5]

Die älteste Stadt Dänemarks (8250 Einw.) bietet schöne Fachwerk- und Backsteinbauten aus dem 16./17. Jh. Wahrzeichen ist der fünfschiffige, im Kern romanische **Dom** (Baubeginn 1134). Der Chor wurde zwischen 1982 und 1987 von Carl-Henning Pedersen neu gestaltet. Von der Spitze des alten **Bürgerturms** hat man eine herrliche Aussicht. Das **Ribe Kunstmuseum** ist für seine Gemäldesammlung aus dem »Goldenen Zeitalter« berühmt (Skt. Nicolaj Gade 10, Juli, Aug. tgl. 11 bis 17, sonst Di–So 11–16 Uhr).

Auf dem Marktplatz beim Restaurant Weis Stue starten **Stadtrundgänge** mit Nachtwächtern, die in historischen Uniformen zu den schönsten Sehenswürdigkeiten führen (Mitte Febr.–Mitte Okt. 20 Uhr, Juni–Aug. auch 22 Uhr). Ausgrabungsfunde im Stadtgebiet bilden den Fundus des **Museet Ribes Vikinger** (Odins Plads 1, www.ribesvikinger.dk, tgl. 10–16 Uhr, im Sommer auch länger, Nov.–März geschl.).

Am Südrand der Stadt lässt ein Wikingerzentrum die raue Zeit wieder lebendig werden › **S. 116**.

Info

Ribe Turistbureau
• Torvet 3 | Ribe | Tel. 75 42 15 00 | www.visitribe.dk

Hotels

Hotel Dagmar €€€
In Dänemarks ältestem Hotel (1581) achtet man behutsam darauf, das historische Ambiente zu bewahren.
• Torvet 1 | Ribe | Tel. 75 42 00 33 www.hoteldagmar.dk

Den Gamle Arrest € €–€€€
Im einstigen Gefängnis wohnt man in originell renovierten Zellen.
• Torvet 11 | Ribe | Tel. 75 42 37 00 www.dengamlearrest.dk

Restaurant

Weis Stue €€
Gemütliches Lokal im Fachwerkbau mit guter dänischer Küche.
• Torvet 2 | Tel. 75 42 07 00 www.weis-stue.dk

SEITENBLICK

Leben zwischen Ebbe und Flut

Das **Wattenmeer** ⭐ fällt zweimal täglich bei Ebbe trocken und wird bei Flut wieder überschwemmt. Gewaltige Mengen mikroskopisch kleiner Pflanzen und Tiere, die am Anfang einer maritimen Nahrungskette stehen, wachsen hier. Fast alle Plattfische der Nordsee und viele andere Meeresbewohner haben im Watt ihre Kinderstube. Auch die mitteleuropäische Seehundpopulation ist vom Rhythmus der Gezeiten abhängig, und ca. 10 Mio. See- und Zugvögel machen hier jährlich Station. Wissenswertes vermitteln das Infozentrum an der Vidå Sluse bei Højer › S. 98, das Wattenmeerzentrum in Vester Vedsted [A5] (Okholmvej 5, www.vadehavscentret.dk, Mai–Sept. tgl. 10–17, sonst bis 16 Uhr; **50 Dinge** 5 › S. 12) sowie das Fischerei- und Seefahrtsmuseum von Esbjerg › S. 111.

Ribes Altstadt gehört zu den schönsten und besterhaltenen Dänemarks

Esbjerg 7 [A5]

Die fünftgrößte Stadt (72 300 Einw.)
Dänemarks beheimatet eine bedeutende Fischereiflotte, ist Fährhafen
und Zentrum der dänischen Öl-
und Gasförderung in der Nordsee.
Bei einer Hafenrundfahrt erlebt
man das geschäftige Treiben haut-
nah mit. Im Sommer gibt es spezielle **Fischauktionen** für Touristen; re-
gulär kommt frischer Fisch Mo–Fr
um 7 Uhr unter den Hammer. Im
zweiten Becken des Fischereihafens
ist das Feuerschiff **Horns Rev** als
Museumsschiff fest vertäut.

Surrealismus und Konstruktivis-
mus sind Schwerpunkte im **Esbjerg
Kunstmuseum** ⭐, das zusammen
mit dem von Jørn Utzon entworfe-
nen Musikhaus einen Gebäude-
komplex zu Füßen des markanten
Wasserturms bildet (Havnegade 20,
www.eskum.dk, Di–So 10–16 Uhr).
Das Leben am, im und mit dem
Meer zeigt das **Fischerei- und Seefahrtsmuseum** ⭐ mit Salzwasser-
aquarien und Robbenstation (Tar-
phagevej 2, www.fimus.dk, tgl.
10–17, Juli, Aug. bis 18, Nov.–Jan.
bis 16 Uhr). Die **Großskulpturen** am
Strand, »Mennesker ved Havet«
(Mensch am Meer), sind das Kunst-
wahrzeichen von Esbjerg (www.
visitesbjerg.de). **50 Dinge** ㉒ › **S. 15.**

Hotel

Scandic Olympic Hotel €€
Modernes Hotel am Ende der Fuß-
gängerzone; das gegenüberliegende
Fitnessstudio darf man mitbenutzen.
• Strandbygade 3 | Esbjerg
Tel. 75 18 11 88
www.scandic-hotels.com

Fanø 🔳 [A5]

Mit ihrem breiten ❗ Sandstrand, ausgedehnten Dünenwäldern zum Wandern und rund 2200 Sommerhäusern ist die Insel (5578 ha; 3350 Einw.) ideal für längere Aufenthalte. Die Orte **Nordby** im Norden und **Sønderho** im Süden sind mit ihren vielen reetgedeckten Fachwerkhäusern geradezu idyllisch. Ihre Kirchen wirken durch die vielen Votivschiffe fast schon wie Schifffahrtsmuseen. **Fanø Bad** am Nordseestrand wird dagegen von modernen Apartmenthotels geprägt.

Die **Schifffahrts- und Trachtensammlung**, das **Fanø Museum** (beide in Nordby, www.fanomuseerne.dk) sowie **Hannes Hus** in Sønderho erinnern an die Zeiten, in denen die Insel Werftstandort und Heimat einer Handelsflotte war (18./19. Jh.).

Zu den Highlights des Insellebens zählen alljährlich zwei große Feste: Mitte Juni findet das größte internationale **Kiteflyer-Meeting** der Welt statt. Dann steigen Tausende von Drachen in den Himmel (www.kitefliersmeetingfanoe.de). Von Anfang Juli bis Ende August bildet die Kirche von Nordby den Rahmen für **Sommerkonzerte** mit klassischer Musik (www.fanokoncerter.dk).

Info

Fanø Turistbureau
• Skolevej 5–7 | Nordby | Fanø
  Tel. 70 26 42 00 | www.visitfanoe.dk

Verkehr

Fährverbindung zwischen Esbjerg und Nordby (www.faergen.de).

Hotels/Restaurants

Sønderho Kro €€€
Romantisches Gasthaus von 1722 mit exklusiver Küche und wenigen, dafür ❗ sehr schönen Zimmern.
• Kropladsen 11 | Sønderho | Fanø
  Tel. 75 16 40 09 | www.sonderhokro.dk
  Ende März–Ende Okt. tgl. geöffnet, sonst nur am Wochenende, Jan. geschl.

Nørby Kro €€–€€€
Gemütliches reetgedecktes Gasthaus. Auch sehr gutes Restaurant.
• Strandvejen 12–14 | Nordby | Fanø
  Tel. 75 16 35 89 | www.noerbykro.dk

Camping

Feldberg Familie Camping
Südlich von Nordby; einer von insgesamt neun Campingplätzen der Insel.
• Kirkevejen 3–5 | Rindby Strand | Fanø
  Tel. 75 16 36 80
  www.feldbergfamiliecamping.dk

Blåvands Huk 🔳 [A4]

Ein kantiger Leuchtturm markiert Dänemarks westlichsten Punkt. Breite Strände und der große, teilweise bewaldete Dünengürtel machen die umliegenden Siedlungen bei Gästen sehr beliebt. Mancherorts kontrastieren allerdings deutsche Atlantikwall-Bunker aus dem Zweiten Weltkrieg das Idyll (Bunkermuseum Tirpitz-Stellung, Tane Hedevej 40 / Tirpitzvej 1, Juli, Aug. tgl. 9–19, sonst tgl. 10–17 Uhr).

Hotel/Restaurant

Henne Kirkeby Kro €€€
Eines der besten Restaurants an Jütlands Westküste. Zwölf komfortable Zimmer.

Strand und Dünenlandschaft bei Hvide Sande

• Strandvejen 234 | Henne Kirkeby
Tel. 75 25 54 00
www.hennekirkebykro.dk
Mitte März–Mitte Dez. Do–Sa 12–15,
Mi–Sa 18–21.30 Uhr

Hvide Sande 10 [A4]

Der Ort (3050 Einw.) liegt mitten
auf der schmalen Dünennehrung
Holmsland Klit ⭐, an der 1931 ge-
bauten Schleuse zwischen Ringkøbing Fjord und Meer. **50 Dinge** ③
› S. 12. Werktags um 7 Uhr kann
man **Fischauktionen** erleben. Es gibt
auch ein **Fischereimuseum** mit Salzwasseraquarium (www.fiskerietshus.
dk, Ostern–Okt. tgl. 10–17, sonst
bis 16 Uhr). Vom 38 m hohen
Leuchtturm **Nørre Lyngvig** hat man
einen tollen Blick auf die Küste.

Info
Turistbureau
• Nørregade 2B | Hvide Sande
Tel. 70 22 70 01 | www.hvidesande.dk

Søndervig 11 [A3]

Ferienhäuser prägen den typischen
Badeort. Nordwärts riegeln bis zu
30 m hohe Dünen den Blick aufs
Meer ab, doch eine gute Aussicht
hat man bei der weithin sichtbaren
Seebarke auf Höhe des **Stadils Fjord**.
Die ihm abgerungenen Ackerflä-
chen sind ein bekannter Rastplatz
für Zugvögel, zum Beispiel für
Kurzschnabelgänse.

Ringkøbing 12 [A3]

Im Sommer kann man den Nachtwächtern bei ihrem Rundgang
durch die Gassen des lebendigen
Städtchens (knapp 10 000 Einw.)
folgen. Eine optische Täuschung
lässt den **Turm** der gotischen Backsteinkirche am Marktplatz schief
erscheinen, in Wirklichkeit aber
wird er nach unten schmaler. Zwei
Kilometer westlich der Stadt lohnt
die romanische **Granitquaderkirche**

Gammel Sogn Kirke mit eindrucksvollen Kalkmalereien von ca. 1170 einen Stopp. Bis 1847 war der Turm der Kirche 12 m höher als heute und diente der Schifffahrt als wichtiges Seezeichen.

Hotel

Fjordgården €€–€€€
Ausgezeichnetes Familienhotel; Badelandschaft, gute Küche.
• Vester Kær 28 | Ringkøbing
Tel. 97 32 14 00
www.hotelfjordgaarden.dk

Herning 13 [B3]

Herning ist eine junge Messestadt und eines der wichtigsten Kunstzentren des Landes. Exquisite Kunst ab den 1960er-Jahren, darunter Werke von Vaserély, Manzoni u. a., bietet das **Herning Kunstmuseum** ★ in seinem futuristischen Neubau (Birk Centerpark 8, www.heartmus.dk, Di–So 10–16 Uhr).

Der Leuchtturm Bovbjerg Fyr

Dem Künstler und seiner Frau widmet sich ganz in der Nähe das **Carl-Henning Pedersen und Else Alfelt Museum** ★ in zwei extravaganten Bauten (Birk Center Park 1, http://chpeamuseum.dk, Di–So 10 bis 16 Uhr).

Nicht weit entfernt erhebt sich Ingvar Cronhammers Mega-Kunstwerk **Elia**: Aus einem 15 m hohen Stahlhügel schießt eine bis zu 10 m hohe Gasflamme auf (www.elia.dk).

Info

Turistbureau
• Østergade 21 | Mediehuset
Herning
Tel. 96 27 22 22
www.visitherning.dk

Thorsminde 14 [A3]

In dem Fischerort an den Schleusenanlagen zwischen Nordsee und Nissum Fjord zeigt das **Strandungsmuseum St. George** ★ Funde von zahllosen Schiffsstrandungen, insbesondere von der größten Katastrophe, die die dänische Westküste je erlebte: Weihnachten 1811 zerschlug ein Orkan zwei Schiffe der britischen Marine. Über 1300 Seeleute kamen dabei ums Leben (Vesterhavsgade 1E, www.strandingsmuseet.dk, Febr.–Okt. 10–17 Uhr).

Nördlich von Thorsminde trifft man auf einen der beeindruckendsten Uferabschnitte Dänemarks: die bis zu 41 m hohe Steilküste am **Bovbjerg** ★. Die beste Aussicht und darüber hinaus ein schönes Fotomotiv bietet der weinrote Leuchtturm **Bovbjerg Fyr**.

SPECIAL

Das Erbe der Wikinger

Einst verbreiteten Menschen aus dem europäischen Norden Angst und Schrecken in weiten Teilen Europas: Die Wikinger plünderten in Köln und Paris, London und Lissabon. Eine ganze Epoche, vom ausgehenden 8. bis zur Mitte des 11. Jhs. wurde nach ihnen benannt. Längst weiß man, dass die Nordleute der Wikingerzeit mehr als nur wilde Krieger waren. Sie siedelten in Schottland und Irland, gründeten Staatswesen in Ostengland und im Westen des Frankenreichs. Sie entdeckten Island, Grönland und fünf Jahrhunderte vor Kolumbus auch Amerika. In Dänemark beschränkt sich ihr Erbe nicht nur auf beeindruckende Funde wie das Totenschiff von Ladby auf Fünen oder die Runensteine von Jelling (UNESCO-Weltkulturerbe), sondern vielerorts kann man auch ihrem Alltagsleben nachspüren.

Wie lebten die Wikinger wirklich?

Morten Kongsgaard ist unsicher: Auf seiner Hand krallt sich ein großer Greifvogel fest – also Panik? Aber da steht Papa mit dem Camcorder, und Mama, die dauernd winkt – also Freude? Familie Kongsgaard verbringt einen Tag im Wikingerzentrum bei Ribe. Morten umklammert eine Münze, die Papa mit einem präzisen Hammerschlag auf den Prägestempel gezaubert hat, er reitet wie die Wikinger auf einem Islandpferd, und er erlegt mit Pfeil und Bogen ein hölzernes Wildschwein. Und bei der Falknervorführung dürfen mutige Kids wie er den dicken Lederhandschuh überstreifen und einen der Vögel, mit denen schon die Nordleute vor 1000 Jahren zur Jagd gingen, auf der Hand landen lassen – natürlich unter Anleitung eines Profis.

Der Runenstein von Jellinge

In Lustrupholm erlebt Familie Kongsgaard die Menschen der Wikingerzeit als Handwerker, Händler und Hobbyjäger, als Bäcker, Bauern sowie Baumeister. Theorien und Fakten werden in lebendigen Szenen demonstriert – mitmachen erwünscht. Holzdübel für den Hausbau müssen geschlagen, Fladenbrot gebacken und Wolle mit Naturmitteln gefärbt werden.

Märkte und Spiele

Märkte mit nostalgischem Angebot vom Kettenhemd bis zum Trinkhorn und rasante Inszenierungen, die Stoffe aus berühmten Sagas auf Freilichtbühnen bringen, sind fester Bestandteil des dänischen Kultursommers. Die Nekropole Lindholm Høje bei Aalborg bildet jedes Jahr den Rahmen für einen großen Wikingermarkt (letztes Juniwochenende) und für Wikingerspiele (letzte Juni-/erste Juliwoche).

- **Ribe VikingeCenter** [A5]
  In der ersten Maiwoche findet ein großer, mehrtägiger Wikingermarkt statt.

Lustupvej 4 | Lustrupholm | Ribe
www.ribevikingecenter.dk
Anfang Mai–Mitte Juni, Sept.–Mitte Okt. Mo–Fr 10–15.30, im Sommer tgl. 11–17 Uhr

- **Vikingecenter Fyrkat** [C3]
  Ausgegrabene Ringburg aus dem 10. Jh. › S. 138 und Nachbau eines Wikingerdorfes. Eine weitere Ringburg gibt es in Trelleborg › S. 78.
  Fyrkatvej 37 B | Hobro
  www.nordmus.dk/vikingecenter-fyrkat
  Ende April–Mai tgl. 10–16, Juni–Aug. bis 17, Sept. bis 15 Uhr

- **Bork Vikingehavn** [A4]
  Im Wikingerhafen am Ringkøbing Fjord finden in der Hochsaison viele Sonderveranstaltungen statt, u.a. ein Wikingermarkt.
  Vikingevej 7 | Hemmet
  Tel. 75 28 05 97
  April So–Fr 11–16, Mai, Juni tgl. 11 bis 16, Juli, Aug. bis 17, Sept. bis 16 Uhr

- **Forhistorisk Museum Moesgård** [C3]
  Jeweils am letzten Juliwochenende spielt sich am Strand nahe dem Moesgård Museum bei Aarhus › S. 132 das größte Wikingertreffen des Landes mit Markt und wilden Schaukämpfen ab.

- **Frederikssund Vikingespil** [E4]
  Zwischen Ende Juni und Anfang Juli gehen in der Stadt am Roskilde Fjord (Seeland) für drei Wochen die traditionsreichsten Wikingerspiele Dänemarks über die Bühne.
  www.vikingespil.dk

- **Jels Vikingespil** [B5]
  Im Juli finden die Wikingerspiele in Jels (Südjütland) auf einer traumhaft am See gelegenen Freilichtbühne statt; am 1. Wochenende auch Markt.
  www.jelsvikingespil.dk

Holstebro 15 [A3]

Die Stadt (35 900 Einw.) wirkt sehr modern mit langen, verkehrsberuhigten Einkaufsstraßen. Ein Bummel lohnt sich schon wegen der modernen **Kunstwerke,** die überall aufgestellt sind, darunter die »Meerjungfrau« im Hotel Schaumburg, eine Replik der berühmten Kopenhagener Skulptur, und die »Frau auf dem Wagen« des Schweizer Künstlers Alberto Giacometti vor dem alten Rathaus. Spektakulär für Nachtschwärmer: die Laserskulptur **»Kaos Tempel«** am Sendemast des Regionalfernsehens östlich des Zentrums.

Im **Holstebro Kunstmuseum** werden moderne Malerei und Grafik ab den 1930er-Jahren gezeigt (Museumsvej 2A, www.holstebrokunst museum.dk, Juli, Aug. Di–So 11 bis 17, sonst Di–Fr 12–16, Sa, So 11 bis 17 Uhr).

Originell ist das **Kleinkunstmuseum** im einstigen Stadtzollhaus Bomhuset (1793): Mini-Kunstwerke auf einer Mini-Fläche (Sønderlandsgade 46, Tel. 97 40 43 99).

Info
Holstebro Turistbureau
• Kirkestræde 13 | Holstebro
 Tel. 96 11 70 80
 www.visitholstebro.dk

Hotel
Nørre Vosborg €€
Westlich von Holstebro liegt das fast 500 Jahre alte Wasserschloss; die Wirtschaftsgebäude sind heute Hotel.
• Vembvej 35 | Vemb
 Tel. 97 48 48 97 | www.nrvosborg.dk

Struer 16 [A3]

Die Kleinstadt (10 400 Einw.) am Limfjord lebt einerseits mit ihrem Jachthafen vom Tourismus, andererseits aber von Bang & Olufsen. Die berühmte dänische Hi-Fi-Schmiede produziert hier seit über 80 Jahren.

Seit 2008 erzählt ein Anbau am kulturhistorischen **Struer Museum** die Firmengeschichte und zeigt deren Designklassiker (Søndergade 23, www.struermuseum.dk, Juli, Aug. Di–Fr 11–17, Sa, So 12–17, sonst Di–Fr 12–16, Sa, So bis 17 Uhr). Noch mehr über Bang & Olufsen erfährt man an ausgesuchten Tagen im Juli und August bei einer Fabrikführung (Infos im Struer Turistbureau).

Info
Struer Turistbureau
• Smedegade 7 | Struer
 Tel. 96 84 85 01
 www.visitnordvestjylland.dk

Thyborøn 17 [A2]

Der Ort (2100 Einw.) ist ein bedeutender Fischereihafen. Fischerei- und Rettungswesen sind Themen eines Museums in der alten Fischauktionshalle am Innenhafen. Ein Bunkermuseum informiert über die »Festung Thyborøn«, die die Deutschen 1943/44 als Teil des Atlantikwalls bauen ließen; der **Bunkerpfad** führt zu einigen der ehemals 106 Betonbauten an der Küste.

Wer immer schon mal einen Hai streicheln wollte, darf das im Streichelbecken des **Jyllands-Akva-**

riet (Vesterhavsgade 16, www.jylla
ndsakvariet.dk, Jan.–Nov. tgl. 10 bis
16 Uhr, in der Hochsaison länger).

Nebenan im **Kystcentret Thyborøn**
kann interaktiv experimentiert werden (Kystcentervej 3, www.kystcen
tret.dk, Juli, Aug. tgl. 10–17/18, Mitte Febr.–Ende Juni, Sept., Okt. tgl.
bis 16 Uhr).

Vestervig 18 [A2]

Vestervig war im frühen Mittelalter
mit Kloster, Bischofssitz und Kathe-
drale eine wichtige Stadt. Die Ver-
sandung der Limfjordmündung
Ende des 11. Jhs. läutete den Nie-
dergang ein. Lediglich die größte
Dorfkirche Nordeuropas sowie das
sagenumwobene Grab Liden Kirs-
tens blieben als Zeugen der einstigen Blütezeit bestehen. In **Ydby
Hede** erinnern 50 Grabhügel aus der
Bronzezeit daran, dass das Gebiet
am Limfjord schon seit ewigen Zeiten von Menschen besiedelt ist.

SEITENBLICK

Dänemarks erster
Nationalpark

Seit 2008 ist ein Teil der Nordseeküs-
tenregion Thy – zwischen der Hafenstadt Hanstholm [A2] im Norden
und der Limfjord-Landzunge Agger
Tange [A2] im Süden – als Nationalpark unter Schutz gestellt. Damit
wird eine typische Küstenlandschaft
mit Stränden, Dünen, Heide, Wäldern
und kleinen Binnenseen geschützt,
aber auch der Ort Nørre Vorupør.
Weiterführende Informationen:
www.danmarksnationalparker.dk

Burg
Spøttrup 19 ⭐ [B2]

Größte Attraktion der Halbinsel
Salling ist die mittelalterliche Burg
Spøttrup. Sie verschanzt sich hinter
mächtigen Wällen sowie einem
Wassergraben. Die Burg im Stil der
Gotik mit ihren Gärten zählt zu den
ältesten im Land (www.spottrup
borg.dk, Mai–Aug. tgl. 10–17/18,
April, Sept., Okt. Di–So 11–16 Uhr).

Fur 20 [B2]

Die Limfjordinsel lockt geologisch
Interessierte, denn hier treten
55 Mio. Jahre alte gefaltete Ablage-
rungen eines Urmeeres mit Asche-
schichten von Vulkanausbrüchen
aus der Frühzeit der Erde an die
Oberfläche. Die sog. Molererde
formt am Nordstrand eine beeindruckende Steilküste. Erklärungen
liefert das geologische **Fur-Museum**
im Inselort **Nederby** (www.furmu
seum.dk, April–Juni, Sept., Okt. Mo
bis Fr 12–16, Sa, So 10–17, Juli, Aug.
tgl. 10–17 Uhr).

Verkehr

Eine Fähre geht von Branden auf Salling
nach Fur (tagsüber alle 15 Min., sonst
alle 30–60 Min., www.visitfur.de).

Mors 21 [A2–B2]

Ein Highlight der Insel (36 331 ha;
20 650 Einw., www.visitmors.dk) ist
der **Jesperhus Blomsterpark** ⭐, ein
Freizeitpark mit Aquarium, Terrarium, Vogelhäusern und Gärten

(Legindvej 30, Nykøbing, Mors, www.jesperhus.dk). Im einstigen Johanniterkloster Dueholm in **Nykøbing** informiert das Morslands Historiske Museum über die regionale Geschichte. Das **Molermuseum** in Sejerslev (Nordmors) zeigt Fossilienfunde und informiert über die Molererde, aus der die über 60 m hohen Klippen **Hanklit** und die Landzunge **Feggeklit** geformt sind.

Restaurant
Feggesund Kro €€
Gute Fischküche im Inselnorden.
• Feggesundvej 81 | Nykøbing | Mors
Tel. 97 75 10 32
www.feggesundkro.dk
April–Mitte Okt. tgl. 11.30–20, sonst nur Fr–So

Ein geologisches Phänomen ist Hanklit

Nørre Vorupør 22 [A2]
und Klitmøller 23 [A2]

Im kargen Küstenabschnitt von **Thy** liegt **Nørre Vorupør.** Er ist einer der letzten Orte Dänemarks, in dem noch traditionelle Küstenfischerei betrieben wird. Weil ein Naturhafen fehlt, müssen die Fischer ihre Boote wie früher an den Strand ziehen. 15 km nördlich liegt **Klitmøller,** eines der besten Surfreviere Europas.
50 Dinge ⑪ › S. 13.

Hanstholm 24 [A2]

Von Hanstholm (2150 Einw.) starten Fähren nach Norwegen, Island, zu den Färöer und den Shetland-Inseln (www.hanstholmhavn.dk). Der 30 m hohe Leuchtturm von

1848 zählt mit seiner 4000-Watt-Lampe zu den lichtstärksten der Welt (Tårnvej 21, Hanstholm).

Eine Attraktion ist die gigantische, zeitweilig von 6000 deutschen Soldaten betriebene **Kanonenstellung** aus dem Zweiten Weltkrieg. Ein Museumscenter informiert, und die einstige Munitionsbahn kutschiert durch die Dünen (www.museumscenterhanstholm.dk, Febr. bis Okt. tgl. 10–16/17 Uhr).

Hotel
Montra Hotel Hanstholm €€€
4-Sterne-Hotel mit gutem Restaurant.
• Chr. Hansensvej 2
Hanstholm
Tel. 97 96 10 44
www.hotelhanstholm.dk

Jammerbugt

Im Hinterland der Urlaubsregion Jammerbugt reihen sich beliebte Badeorte wie **Løkken** oder ❗ Blokhus 25 [B1] mit dem Freizeitpark **Fårup Sommerland** › S. 28 aneinander. Etwas landeinwärts ragt das

Børglumkloster 26 [C1] mit seiner mächtigen Kirche auf, ehemals der Bischofssitz für Nordjütland.

Bei **Lønstrup** kann man einer Wanderdüne bei der Arbeit zusehen: Die 90 m hohe **Rubjerg Knude** 27 ⭐ [C1] hat dem Leuchtturm zunächst den Meerblick genommen, dann musste das benachbarte Flugsandmuseum aus seinen Räumlichkeiten flüchten. Weil die Düne weiter in Richtung Nordosten zieht, muss sich die südlich gelegene romanische **Mårup Kirke** mit hübschem Seemannsfriedhof nicht vor Sand fürchten. Allerdings nagt hier das Meer beharrlich an der Steilküste, auf der sie (noch) steht.

Hotels

Kokkedal Slot €€€
Romantisches Schlosshotel mit Himmelbetten und sehr guter Küche.
• Kokkedalvej 17 | Brovst
Tel. 98 23 36 22 | www.slotshotel.dk

Dayz Grønhøj Strand €€
Moderne Apartmentanlage am Meer mit Badeland und Multisporthalle.
• Ingeborgvej 2 | Løkken
Tel. 98 88 32 22 | www.dayz.dk

Hirtshals 28 [C1]

Der **Hafen** und die Fähren nach Norwegen (www.fjordline.de, www.colorline.no) bilden die Existenzgrundlagen der Stadt Hirtshals (ca. 6200 Einw.). Absolut sehenswert ist das **Nordsøen Oceanarium** ⭐ mit einer Freiluftanlage für Robben und dem größten Aquarium Nordeuropas. Star hinter der gigantischen Glasscheibe ist ein Mondfisch (Willemoesvej 2, Hirtshals, www.nordsoeoceanarium.dk, tgl. 10–16/17, im Sommer 9–18 Uhr, Jan., Febr. z. T. geschl.). Täglich um 13 Uhr steigt ein Taucher zur Fischfütterung in das große Aquarium; Robbenfütterung 11 und 15 Uhr.

Hotel

Montra Skaga Hotel €€–€€€
Modernes Hotel mit großen, hellen Zimmern. Restaurant mit Panoramablick.
• Willemosevej 1 | Hirtshals
Tel. 98 94 55 00 | www.skagahotel.dk

Camping

Hirtshals Camping €€
Guter Campingplatz in toller Lage über dem Meer. Ende April–Mitte Sept.
• Kystvejen 6 | Hirtshals
Tel. 98 94 25 35
http://hirtshals-camping.dk

Ausflüge von Hirtshals

Adlerwarte Ørnereservatet

Bei der Adlerwarte Ørnereservatet rund 24 km östlich von Hirtshals zeigen Greifvögel bei **Falknervorführungen** ⭐ ihre spektakulären Flugkünste (Skagensvej 107, Bindslev, www.eagleworld.dk, April–Okt.).

Råbjerg Mile 29 ⭐ [C1]

Bei Hulsig geht es zur 800 m breiten und 2 km langen Wanderdüne, deren 3,5 Mio. m³ weiße Sandmassen sich pro Jahr bis zu 15 m nach Osten schieben. **50 Dinge** ⑧ › S. 12.

Skagen 30 ⭐ [C1]

Die nördlichste Stadt Dänemarks (8100 Einw.) liegt mit ihren Museen und dem Hafen, in dem werktags Fischauktionen stattfinden und der gute Fischlokale aufzuweisen hat, an der Ostseeseite. **50 Dinge** ⑫ › S. 13. Ihr dezent mondäner Badeort **Gammel Skagen** dagegen ist an der Nordseeseite zu finden.

Skagen musste bereits 1795 seine vom Sandflug bedrohte Kirche **Den tilsandede Kirke** aufgeben. Nur noch der Turm schaut heute aus den Dünen – er wurde das Wahrzeichen der Stadt.

Um 1900 sammelte sich hier die Gruppe der Skagen-Maler um P. S. Krøyer (1851–1909) und das Ehepaar Michael (1849–1927) und Anna Ancher (1859–1935). Ihnen widmet sich ausführlich das 1908 gegründete **Skagens Museum** ⭐ mit ⓘ einer 1800 Arbeiten umfassenden Sammlung, in der alle wichtigen Künstler vertreten sind (Brøndumsvej 4, www.skagensmuseum.dk, Mai bis Jan. Di–So 10–17, Juni–Aug. auch Mi bis 21 Uhr). Über die einzigartige Natur der Region informiert das **Skagen Odde Naturcenter** (Bøjlevejen 66, www.skagen–natur.dk, Mai–Mitte Okt. Mo–Fr 10–16, Sa, So ab 11, Juli bis 17 Uhr).

Grenen bildet die Nordspitze Kontinentaleuropas. Auf der Sandzunge kann man mit je einem Fuß in Nord- und Ostsee stehen, deren Wellen hier aneinander schlagen.

Wegen unberechenbarer Strömungen besteht hier striktes Badeverbot!

Ausstellungsraum im Skagens Museum

Info

Turistbureau
• Vestre Strandvej 10 | Skagen
Tel. 98 44 13 77
www.skagen-tourist.dk

Hotels

Petit €€€
Hübsches kleines Hotel im Zentrum, mit Familienzimmern.
• Holstvej 4 | Skagen | Tel. 98 44 11 99
www.hotelpetit.dk

Brøndums Hotel €€
Einst Treffpunkt der Skagen-Maler – mit Kunst und kulinarischen Köstlichkeiten.
• Anchersvej 3 | Skagen
Tel. 98 44 15 55
www.broendums-hotel.dk

Restaurant

Skagen Fiskerestaurant €€
Gute Fischküche mit Hafenblick und jeder Menge Trubel.
• Fiskehuskajen 13 | Skagen
Tel. 98 44 35 44
http://skagenfiskerestaurant.dk
April–Ende Okt. 11–21, Febr., März bis 16 Uhr

Unterwegs in Ostjütland

Kruså 31 [B6]

In den Ort nahe der Grenze kommen häufig Tagesbesucher aus Deutschland, um einzukaufen, was in Dänemark vermeintlich billiger ist (etwa Käse und Tee).

Betroffen macht ein Besuch des einstigen Internierungslagers **Frøslevlejren** westlich des Ortes. Ab 1944 wurde es für viele Dänen aus dem Widerstand zur Station auf dem Weg in die Vernichtungslager (Lejrvejen 83, Padborg, https://natmus.dk/museerne/froeslevlejrensmuseum, Di–Fr 9–16, Sa, So und im Sommer tgl. 10–17 Uhr).

Hotel

Fakkelgaarden €€€
Tophotel in Toplage über dem Fjord nahe Kruså mit erstklassigem Gourmetrestaurant.
• Fjordvejen 44 | Kollund
  Tel. 73 67 83 00
  www.fakkelgaarden.dk

Gråsten Slot 32 [B6]

Im Sommer wird das Schloss von der königlichen Familie bewohnt. Es entstand ab 1757; vom durch Feuer zerstörten Vorgängerbau ist nur die **Barockkirche** von 1699 erhalten. Kirche und Schlosspark kann man besichtigen.

Täglich um 12 Uhr findet die Wachablösung statt. Jeden Freitag zieht sie ab 11.30 Uhr mit Musikbegleitung durch die Stadt.

Dybbøl 33 [B6]

Der Ort (4430 Einw.) ist eng mit dänisch-deutscher Geschichte verknüpft: 1864 überrannte eine preußische Übermacht die dänischen Verteidiger der Düppeler Schanzen. Damit ging Südjütland für die folgenden 56 Jahre verloren.

Die **Mühle** von Dybbøl mit dem Geschichtszentrum ist ein Symbol nationalen Gedenkens (Dybbøl Banke 16, http://1864.dk, April bis Okt. tgl. 10–17 Uhr).

Insel Als 34 [B/C5–C6]

Über zwei Brücken erreicht man Als, ein beliebtes Urlaubsdomizil mit vielen Campingplätzen und Ferienhäusern, aber auch mit einem der größten Industriebetriebe des Landes: Danfoss, bekannt für seine Heiztechnik. Dieser initiierte in **Nordborg** den Erlebnispark **Universe** › S. 28. Spielerisch können Kinder hier in die Welt der Technik und Wissenschaft eintauchen und spuckende Geysire und Vulkane erleben (Mads Patent Vej 1, Nordborg, www.universe.dk, Ende März–Mitte Okt. fast tgl. 10–16 Uhr, im Sommer länger).

Sønderborg 35 [C6]

Die größte Stadt (27 850 Einw.) der Insel erstreckt sich beiderseits der Einfahrt in den Als-Sund, die vom **Schloss Sønderborg** bewacht wird. Das vierflügelige Backsteingebäude beherbergt ein Museum zur Geschichte und Kultur Südjütlands (www.museum-sonderjylland.dk, Juni–Sept. tgl. 10–17, April, Mai, Okt. Di–So 10–16, Nov.–März Di bis So 13–16 Uhr). Malerisch wirkt Sønderborgs **Hafen,** während es in der Fußgängerzone quer durch das Zentrum geschäftig zugeht.

Info

Sønderborg Turistbureau
• Perlegade 50 | Sønderborg
Tel. 74 42 35 55
www.visitsonderborg.dk

Hotels

Comwell Sønderborg €€€
Komfortables Hotel am Strand.
• Strandvej 1 | Sønderborg
Tel. 74 42 19 00 | www.comwell.dk

Danhostel Sønderborg City €
Moderne Jugendherberge mit vielen Familienzimmern.
• Kærvej 70 | Sønderborg

Tel. 74 42 31 12
www.sonderborgdanhostel.dk

Camping

Madeskov Camping
Campingplatz in Strandnähe; ca. 4,5 km außerhalb; Mitte März–Mitte Okt.
• Madeskov | Sønderborg
Tel. 74 42 13 93
www.madeskovcamping.dk

Restaurant

Bella Italia €€
Große Pizzen im Fachwerkhaus.
• Lille Rådhusgade 31 | Sønderborg
Tel. 74 42 54 00 | www.bella-it.dk
Tgl. 17–21.30 Uhr

Haderslev 36 [B5]

Haderslev (22 000 Einw.) liegt am Ende eines schmalen Fjords, der sich westlich der Stadt als See fortsetzt. Dominierendes Bauwerk in der **Altstadt** ist die gotische **Vor Frue Kirke** mit 16 m hohen Chorfenstern.

Die Mühle von Dybbøl und die Büste von König Christian IX.

Das **Haderslev Museum** zeigt historische Funde und in einer Freiluftabteilung ländliche Bauten. Kutschen sind in der **Slesvigske Vognsamling** zu bewundern, Keramik und Steingut in Louis Ehlers **Lertøssamling,** untergebracht im über 400 Jahre alten Fachwerkbau (Slotsgade 20).

Christiansfeld 37 [B5]

Der Ort wurde 1773 von der Herrnhuter Brüdergemeine errichtet, deren schlichte Architektur das Ortsbild bestimmt. Typische Beispiele sind die Kirche und das Museum. Berühmt ist der Ort auch für seinen köstlichen Honigkuchen, den man in der Bäckerei probieren kann. **50 Dinge** ㉑ › S. 14.

Kolding 38 [B5]

Vom Mittelalter bis 1920 war Kolding (60 300 Einw.) Grenzstadt des Königreichs Dänemark zum Herzogtum Schleswig. Die Stadt bietet zwei echte Highlights: das **Kunstmuseum Trapholt** ⭐ mit Gegenwartskunst, Kunsthandwerk und Möbeldesign (Æblehaven 23, www.trapholt.dk, Di–So 10–17, Mi bis 20 Uhr) und **Schloss Koldinghus** ⭐ mit kulturhistorischen Sammlungen (Koldinghus, www.koldinghus.dk, tgl. 10–17 Uhr).

Hotels
Comwell Kolding €€€
Schön gelegenes Nobelhotel.
• Skovbrynet 1 | Kolding
  Tel. 76 34 11 00
  www.comwell.com

Saxildhus €€–€€€
4-Sterne-Hotel im Zentrum.
• Banegårdspladsen 1 | Kolding
  Tel. 75 52 12 00
  www.millinghotels.dk

Fredericia 39 [C4]

Nach ihrer Gründung 1650 als Festungsstadt wurden Fredericia (40 460 Einw.) einige Privilegien gewährt, um den Bevölkerungszuwachs zu sichern. So zog die hier herrschende Religionsfreiheit insbesondere Katholiken, Juden und Hugenotten an. Anschaulich präsentiert das **Bymuseet** die Stadtgeschichte (Jernbanegade 10, Do–So 12–16 Uhr, im Sommer Di–Do).

Hotel
Best Western Fredericia €€€
4-Sterne-Hotel am Stadtrand.
• Vestre Ringvej 96 | Fredericia
  Tel. 75 91 00 00
  www.hotel-fredericia.dk

Camping
My Camp Trelde Næs
Herrlich gelegener Platz am Vejle Fjord mit Hütten. April–Okt.
• Trelde Næsvej 297 | Fredericia
  Tel. 75 95 71 83
  www.trelde.dk

Vejle 40 [B4]

Die 55 880-Einwohner-Stadt liegt landschaftlich schön am Ende des Vejle Fjord, den eine 1710 m lange Autobahnbrücke überspannt.

Schmuckstück im Zentrum ist **Den Smidtske Gård,** ein restaurierter

Die Achterbahn im LEGOLAND Park ist nur eine von vielen Attraktionen

Kaufmannshof von 1799, der heute Läden und eine Ausstellung zur Stadtgeschichte beherbergt. In der spätgotischen **Skt. Nicolai Kirke** ruht eine Moorleiche aus der Eisenzeit (ca. 490 v. Chr.). Bei ihrer Entdeckung 1835 hielt man sie für eine Wikingerkönigin, weshalb ihr Frederik VI. einen edlen Sarg spendierte.

Hotel

Munkebjerg €€–€€€
Nobles Hotel mit eigenem Kasino und gutem Restaurant auf dem Munkebjerg oberhalb des Vejle Fjord; 8 km außerhalb.
• Munkebjergvej 125 | Vejle
  Tel. 76 42 85 00 | www.munkebjerg.dk

Egtved 41 [B4]

Der Ort (2330 Einw.) wurde durch das »Mädchen von Egtved« berühmt, das vor ca. 3000 Jahren in einem Grabhügel bestattet worden war. Ein Museum zeigt Kopien des Fundes von 1921. Die Originale sind im Nationalmuseum Kopen-

hagen ausgestellt. Weiter nördlich, am Rand des malerischen Tals **Vejle Ådal,** gestalteten der Däne Robert Jacobsen und der Franzose Jean Clareboudt die aufgelassene Kiesgrube **Tørskind Grusgrav** mit neun Landschaftsskulpturen zu einem großartigen Gesamtkunstwerk.

LEGOLAND Park 42 ⭐ [B4]

Westlich von Vejle lockt bei Billund (6320 Einw.) der LEGOLAND Park mit einer aus Millionen LEGO-Steinen aufgebauten Miniaturwelt mit Mount Rushmore, Abu Simbel oder Thai-Tempeln. In jeder Saison – 2018 ist es bereits die 50. – eröffnen neue Attraktionen.

Einen Besuch wert sind das **Puppenmuseum,** der **Miniaturpalast Titania's Palace** oder die Westernstadt. Action bieten die Achterbahn, die Ausstellung zu **Star Wars** und die **Falck-Feuerwehrautos:** Hier pum-

Arbeitswelten von einst zeigt das Industriemuseum von Horsens

pen Familien um die Wette Wasser in ein brennendes Haus. Neben den rasanten oder auch spritzig-feuchten Fahrgeschäften wartet der Freizeitpark immer wieder mit Shows und Events auf: Fußballschule, Gardemusik, spezielle D4-Filme …

Info

Legoland Billund
Ende März–Ende Okt. tgl. 10–18/20, in der Hauptsaison bis 21 Uhr.

SEITENBLICK

Das große Reich der kleinen Steine
Der Konzern LEGO (aus dänisch *leg godt* – spiel gut) ging in den 1930er-Jahren aus der kleinen Tischlerwerkstatt von Ole Kirk Christiansen in Billund hervor und wird bis heute von der Gründerfamilie kontrolliert. 1958 erfand Christiansens Sohn den berühmten Plastikstein mit den acht Noppen. Er ist die Grundlage für das Baukastensystem, das heute in rund 130 Ländern verkauft wird.

Tickets: Erw. ab 349 DKK, bei Onlinekauf 309 DKK.
• Tel. 75 33 13 33 | www.legoland.dk

Hotel

Legoland Resort €€
Großes Hotel mit Parkzugang; thematisch gestaltete Zimmer.
• Aastvej 10 | Billund | Tel. 75 33 12 44 www.hotellegoland.dk

Jelling 43 [B4]

In der Wiege Dänemarks residierten um 950 Gorm der Alte und sein Sohn Harald. Runeninschriften auf den beiden **Jellinge Steinen** ★ – UNESCO-Weltkulturerbe – berichten von der Reichsgründung und der Christianisierung Dänemarks unter ihrer Herrschaft. **Kongernes Jelling,** das Geschichtszentrum, informiert über die Hintergründe (Gormsgade 23, https://natmus.dk/museer-og-slotte/kongernes-jelling, Jan.–April, Nov.–Mitte Dez. Di–So 10–17, Mai, Sept., Okt. tgl. 10–17, sonst 12–16, Mi bis 20 Uhr, Eintritt frei).

Horsens 44 [C4]

In Horsens (58 500 Einw.) wurde Dänemarks breiteste Hauptstraße, die **Søndergade,** zur Einkaufsmeile umgestaltet. Sehenswerte Häuser erinnern an die Blütezeit der Stadt im 17. und 18. Jh. Die **Vor Frelsers Kirke,** eine frühgotische Backsteinkirche aus dem 13. Jh., besitzt reiches Interieur; noch prächtiger wurde im Lauf der Jahrhunderte die **Klosterkirche** ausgestattet.

Horsens Kunstmuseum ⭐ hat eine hervorragende Abteilung zeitgenössischer Kunst (Carolinelundsvej 2, www.horsenskunstmuseum.dk, Di–So 11–16, Juli, Aug. tgl. ab 10 Uhr). Das **Industriemuseum** thematisiert u. a. die Arbeitsbedingungen nach 1850 (Gasvej 17, http://industrimuseet.dk, Juli, Aug. tgl. 10 bis 16, sonst tgl. ab 11 Uhr). In der Tradition großer Reiterstandbilder steht Bjørn Nørgaards 3,5 m hoher **Apokalyptischer Reiter** von 1992 an der Farvergade/Ecke Smedegade.

Unterkunft

Best Western Jørgensens Hotel €€€
Vornehmes Haus im barocken Lichtenbergschen Palais von 1744.
• Søndergade 17–19 | Horsens
  Tel. 75 62 16 00
  www.jorgensens-hotel.dk

Scandic Hotel Bygholm Park €€€
Größeres Komforthotel mit gutem Restaurant, Sauna, Fitnesscenter etc. in einem Gutshof von 1775.
• Schüttesvej 6 | Horsens
  Tel. 75 62 23 33
  www.scandichotels.de

Horsens Vandrerhjem €
Gutes Hostel am Naturschutzgebiet.
• Flintebakken 150 | Horsens
  Tel. 75 61 67 77
  www.danhostelhorsens.dk

Camping

Husodde Camping
Platz mit Hütten und Stellplätzen.
• Husoddevej 85 | Horsens
  Tel. 75 65 70 60
  www.husodde-camping.dk

Samsø 45 ⭐ [C4–D4]

Die 28 km lange und nur 7 km breite Insel (11 206 ha; 3750 Einw.) liegt südöstlich von Aarhus im Kattegat. Sie ist ein populäres Ziel für Tagesausflüge – besonders für Radler –, eignet sich aber auch für einen längeren Urlaub. Neben den Marinas für Wassersportler und den Reiterhöfen bietet sie außerdem einen 18-Loch-Golfplatz.

Samsøs Geschichte ist so alt wie die Dänemarks, davon zeugen die

SEITENBLICK

Zurück ins Mittelalter

Ende August fällt Horsens für ein Wochenende so konsequent ins Mittelalter zurück wie kaum eine andere Stadt in Europa. Besonders sympathisch: An der Gestaltung des Europäischen Mittelalterfestivals beteiligen sich nicht nur professionelle Zeitreisende, sondern auch viele Bürger der Stadt. Versuchen Sie unbedingt, Karten für ein abendliches Mittelaltermahl zu bekommen. Infos: www.middelalderfestival.dk

vielen Stein- und Bronzezeitgräber. In der Wikingerzeit war der Stavns Fjord ein wichtiger Sammlungsplatz für Schiffe, das bezeugen eine Kaianlage und der 800 m lange und 11 m breite **Kanhave Kanal** quer durch den Landstreifen, der Nord- und Süd-Samsø verbindet.

Die Kirche der Inselhauptstadt **Tranebjerg** bekam im späten Mittelalter einen zur Trutzburg ausgebauten Turm, neben dem die eigentliche Kirche wie eine Hütte wirkt.

Der von kleinen Fachwerkhäusern gesäumte romantische Dorfteich ist das Schmuckstück von **Nordby**. Hier liegt die Kirche rund 1 km außerhalb; seit 1857 ertönt im Dorf ein zusätzlicher **Glockenturm**.

Mit der ungewöhnlichen Hügellandschaft **Nordby Bakker,** durchzogen von Wanderwegen, mit Fernsicht nach Jütland und Seeland vom Aussichtsturm auf dem 64 m hohen Ballebjerg, sowie der einzigartigen

Inselwelt am **Stavns Fjord** besitzt Samsø Natur- und Landschaftsschutzgebiete ersten Ranges.

Info
Samsø Turistbureau
• Anton Rosens Plads 3 | Tranebjerg
  Tel. 86 59 00 05 | www.visitsamsoe.dk

Verkehr
Samsø Fähren
Fähren nach Samsø starten von Hou auf Jütland (Dauer: 60 Min.) und Kalundborg auf Seeland (Dauer: 110 Min.).
• Tel. 70 23 15 15 | www.faergen.dk
  Tel. 70 22 59 00 | www.tilsamsoe.dk

Silkeborg   [B3]

Die freundliche Stadt (44 350 Einw.) zwischen den Seen lädt zu Kunstgenuss, Wandern und Wassersport ein. **Aqua** ⭐, ein Museums- und Aktivitätscenter mit dem größten Frischwasseraquarium Nordeuro-

In Silkeborg legt ein historischer Raddampfer ab

pas, bietet Wissenswertes zum Thema Süßwasser (Vejlsøvej 55, www.visitaqua.dk, in der Regel Mo–Fr 10–16, Sa, So bis 17, Juli tgl. bis 20, Anfang–Mitte Aug. tgl. bis 18 Uhr).

Daneben besitzt die Stadt zwei hochkarätige Museen: Das **Silkeborg Kunstmuseum** ⭐ bzw. das **Museum Jorn** ging aus der Sammlung des Künstlers Asger Jorn (1914 bis 1973) hervor. Mit eigenen und von ihm gesammelten Arbeiten wollte Jorn ❗ den Ursprung und die Entwicklung der abstrakt-spontanen Kunst dokumentieren. Beeindruckend ist sein Großgemälde »Stalingrad« ⭐ von 1952–1972 (Gudenåvej 7–9, www.museumjorn.dk, Di–So 10–17, Ende Sept.–Anfang Dez. Do bis 21 Uhr).

Herausragende Abteilung im **Museum Silkeborg Hovedgården** ist die Eisenzeitausstellung rund um die 2200 Jahre alte Moorleiche des **Tollundmannes** ⭐ , dessen Kopf faszinierend gut erhalten ist (Hovedgårdsvej 7, www.museumsilkeborg.dk, Mai–Okt. tgl. 10–17, Jan.–April, Ende Okt.–Dez. Di–So 12–16 Uhr).

Auch in der näheren Umgebung gibt es ungewöhnliche Museen zu entdecken. 15 km nordöstlich kann man in Gjern im **Jysk Automobilmuseum** 140 Oldtimer bewundern, deren jüngster 1960 gebaut wurde (Skovvejen 13, Gjern, www.jyskautomobilmuseum.dk, Mitte Mai–Aug. tgl. 10–17, Sept.–Okt., April–Mitte Mai nur Sa, So 10–16 Uhr).

Silkeborgs Geschichte ist eng mit der Papierherstellung verknüpft, und um Papier dreht sich auch alles im **Papirmuseet Bikuben** (Papirfabrik-

ken 78, www.museumsilkeborg.dk, Juli, Aug. tgl. 11–16 Uhr Mai, Juni, Sept. nur Sa, So).

Die reizvollste Art, die Region um Silkeborg zu entdecken, ist eine Rundfahrt mit dem Raddampfer Hjejlen, der seit 1861 auf fester Route im Einsatz ist (www.hjejlen.com). Er legt auch am Fuß des 147 m hohen **Himmelbjerg** ⭐ an. Ein Aufstieg wird mit traumhafter Aussicht über die Seen belohnt!

Info

Turistbureau
- Torvet 2 A | Silkeborg
  Tel. 86 82 19 11 | www.silkeborg.com

Hotels

Dania €€€
Traditionsreiches Haus mit Stil, individuellen Zimmern und Restaurant.
- Torvet 5 | Silkeborg
  Tel. 86 82 01 11 | www.hoteldania.dk

Himmelbjerget €€
Modernes Hotel und Ausflugslokal auf dem Gipfel des Himmelbjerg.
- Himmelbjergvej 20 | Ry
  Tel. 86 89 80 45
  www.hotel-himmelbjerget.dk

Aarhus 47 [C3]

Besonders attraktiv macht die Hafenstadt (270 000 Einw.) an der Ostküste Jütlands ihre Nähe zur Natur: im Norden und Süden Wälder, im Westen die Seenlandschaft des Brabrandsø und im Osten die Aarhus-Bucht mit schönen Stränden.

Aarhus geht auf eine Gründung in der Wikingerzeit zurück, wurde

948 Bischofssitz und bekam 1441 die Stadtrechte. Der Hafen und der Bau der Eisenbahn Mitte des 19. Jhs. bilden Grundlagen für die heutige Größe. Die Staatsbibliothek und die mit rund 40 000 Studenten zweitgrößte Universität des Landes sind in der Stadt angesiedelt. Das ausgezeichnete Kulturangebot erlebt alljährlich bei den Aarhus-Festwochen Ende Aug./Anfang Sept. seinen Höhepunkt (http://aarhusfestuge.dk). Die Stadt war 2017 Kulturhauptstadt Europas.

Rådhus Ⓐ

Der marmorverkleidete Stahlbetonbau des Rathauses ist ein Hauptwerk des Funktionalismus (1938 bis 1941), geschaffen von Arne Jacobsen und Erik Møller.

Musikhuset Ⓑ

Das moderne Musikhaus mit seiner transparenten Glasfront ist das Herz des Kulturlebens der Stadt mit Symphoniekonzerten (Sept.–Juni), Aufführungen der »Jyske Opera« und Gastspielen internationaler Stars. Im Foyer gibt es ein Café und ein Restaurant (Thomas Jensens Allé, www.musikhusetaarhus.dk).

Aarhus Kunstmuseum ARoS Ⓒ ⭐

Der moderne Kubus des ARoS eröffnete 2004. Auf einer Fläche von über 20 000 m² werden ausgezeichnete dänische Kunst des 18. und 19. Jhs. sowie moderne Werke gezeigt. Fast schon allein den Besuch wert ist das zehn Stockwerke hohe Atrium mit den elegant geschwun-

genen Galerien (Aros Allé 2, Tel. 87 30 66 00 www.aros.dk, Di–So 10 bis 17, Mi bis 22 Uhr).

Kunsthal Aarhus Ⓓ

Einer der größten Ausstellungsorte für zeitgenössische Kunst in Dänemark zeigt Wechselausstellungen mit dänischen und internationalen Künstlern (J. M. Mørks Gade 13, http://kunsthalaarhus.dk, Di–Fr 10 bis 17, Mi bis 21, Sa, So 12–17 Uhr).

Domkirke Ⓔ

Der Straßenzug Ryesgade–Søndergade–Clemens Torv, die Einkaufszeile von Aarhus, wird gern wie ihr Kopenhagener Pendant »Strøget«, der Strich, genannt. Er zieht sich durch das Zentrum bis zum Dom. Dänemarks längste Kirche wurde 1520 im gotischem Stil vollendet. Ein vergoldeter **Flügelaltar** des Lübecker Meisters Bernt Notke von 1479 ist das Prunkstück im Innern.

Latinerkvarteret Ⓕ

Mit seinen engen Gassen und schmucken Häusern lädt der älteste Stadtteil von Aarhus zum Bummeln ein, und auch Szenegänger kommen auf ihre Kosten. Kleine Boutiquen wechseln sich ab mit Cafés und Restaurants. Zentrum des Viertels ist der Pustervig Torv mit seinen vielen Kneipen. Im Sommer sitzt man hier bis spät abends draußen, und mitunter wird der Platz zur Bühne eines Livekonzerts.

Vor Frue Kirke Ⓖ ⭐

Die Kirche wurde im 13. Jh. erbaut. Im Inneren fallen der **Flügelaltar** von Claus Berg mit einer turbulenten Kreuzigungsszene und das Triumphkruzifix (1400) auf. Unter dem Chor entdeckte man die dreischiffige Krypta einer Vorgängerkirche von 1060; sie wurde restauriert und als **Sankt Nikolai Kryptkirke** neu geweiht.

Den Gamle By

Das Freilichtmuseum befasst sich mit der Stadtkultur des 16.–19. Jhs. Rund 70 Häuser aus allen Teilen Dänemarks wurden dafür hierher versetzt; in vielen wird traditionelles Handwerk vorgeführt, in anderen kann man Ausstellungen besu-

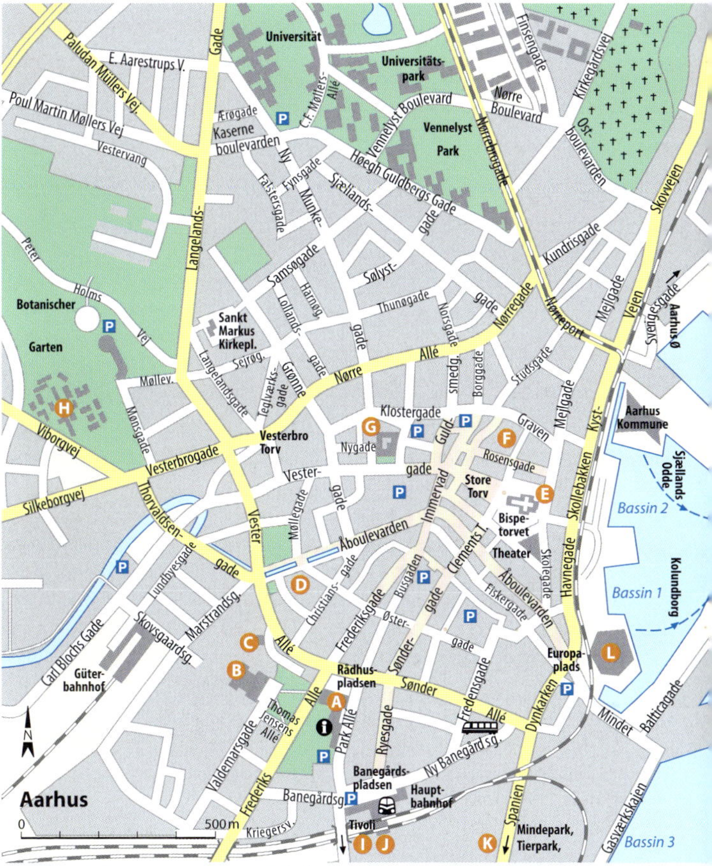

Ⓐ Rådhus	Ⓔ Domkirke	Ⓘ Tivoli-Friheden
Ⓑ Musikhuset	Ⓕ Latinerkvarteret	Ⓙ Marselisborg
Ⓒ Kunstmuseum ARoS	Ⓖ Vor Frue Kirke	Ⓚ Moesgård Museum
Ⓓ Kunsthal Aarhus	Ⓗ Den Gamle By	Ⓛ Dokk1

chen. Nostalgische Highlights sind der ❗ romantische Weihnachtsmarkt ab Mitte November und die Aufführungen im alten Theater von Helsingør, das 1817 dort errichtet wurde und seit 1961 hier steht (Viborgvej 2, www.dengamleby.dk, Öffnungszeiten je nach Saison, tgl. meist 10–17 Uhr).

Tivoli-Friheden ❶

Im Vergnügungspark südlich des Zentrums sorgt neben Fahrgeschäften der Clown Pjerrot in seinem Haus für Spaß und Zauberei (Skovbrynet 5, Tel. 86 14 73 00, www.friheden.dk, tgl. wechselnde Öffnungszeiten, meist 11.30–20 Uhr).

Marselisborg ❶

Eingebettet in eine reizvolle Park- und Waldlandschaft im Süden der Stadt liegt das zwischen 1899 und 1902 erbaute Schloss Marselisborg (Kongevejen 100), die Sommerresidenz der Königin, mit einem schönen Rosengarten und Schlosspark. Ist sie anwesend (häufig im Juli), gibt es täglich um 12 Uhr einen Wachwechsel.

Moesgård Museum ❸ ⭐

Die Marselisborg-Wälder erstrecken sich über 10 km entlang der Küste. Mittendrin führt die modern konzipierte Ausstellung des Museums von der Stein- bis zur Wikingerzeit. Highlight ist die 2000 Jahre alte, gut erhaltene Moorleiche **Grauballemann** ⭐ (Moesgård Allé 20, Højbjerg, www.moesmus.dk, April bis Sept. tgl. 10–17, sonst Di–So 10–17, Mi bis 21 Uhr).

Dokk1 ❶

Das spektakuläre Gebäude mit seinen großen Glasfronten überstrahlt alle anderen an der neu gestalteten Hafenfront. Es ist öffentliche Bibliothek, Bürgerzentrum, Theater und Café zugleich. Ein Gong im riesigen Atrium ertönt immer dann, wenn im nahe gelegenen Universitätskrankenhaus ein Kind geboren wird. Von hier geht der Blick bis zum jungen Stadtviertel **Aarhus Ø** mit dem futurististischen, Eisberg genannten Wohnkomplex »Isbjerget« (Hack Kampmanns Plads 2, https://dokk1.dk, Mo–Fr 8–22, Sa, So 10–16 Uhr).

Info

VisitAarhus

Hier erhält man auch die **AarhusCard,** die u. a. den kostenlosen Eintritt in viele Museen beinhaltet.

- Hack Kampmanns Plads 2 (im Dokk1)
  Aarhus | Tel. 87 31 50 10
  www.visitaarhus.com

Verkehrsmittel

Die meisten Sehenswürdigkeiten im Zentrum sind bequem zu Fuß zu erreichen. Doch Aarhus verfügt auch über ein dichtes Bussnetz und die neue Stadtbahn *(Letbanen),* die seit Januar 2018 mit zwei Linien zwischen Grenaa, Aarhus und dem Küstenort Odder verkehrt und weiter ausgebaut wird (www.letbanen.dk).

Hotels

Helnan Marselis Hotel €€€

Hotel am Stadtrand in herrlicher Lage an der Aarhus-Bucht.

- Strandvejen 25 | Aarhus
  Tel. 86 14 44 11 | www.helnan.dk

CABINN Aarhus €€

Die Zimmer sind klein wie Schiffskabinen, mit Blick auf den Fluss.

• Kannikegade 14 | Aarhus
  Tel. 86 75 70 00 | www.cabinn.dk

City Sleep-In €€

Einfaches Hotel am Hafen.

• Havnegade 20 | Aarhus
  Tel. 86 19 20 55 | www.citysleep-in.dk

Restaurants

Queens Garden €€€

Feines Wintergarten-Restaurant.

• Store Torv 4 | Aarhus
  Tel. 86 12 00 11 | www.hotelroyal.dk
  Mo–Sa 12–15, 17.30–22 Uhr

Mefisto €€–€€€

Gepflegtes Ambiente und eine hervorragende Küche. Am Wochenende Brunch.

• Volden 28 | Aarhus
  Tel. 86 13 18 13 | www.mefisto.dk
  Mo–Fr 11.30–22, Sa, So ab 10 Uhr

Gyngen Café/Restaurant €

Viele vegetarische Gerichte.

• Mejlgade 53 | Aarhus Tel. | 86 19 22 55
  www.gyngen.dk | Di 11–20, Mi–Fr
  11–2, Sa 17.30–2 Uhr

Djursland 48 [C3–D3]

Die Halbinsel Djursland zeichnet
eine vielseitige Landschaft mit bewaldeten Hügeln, Heideflächen,
Stränden und Wäldern aus. Überall
findet man eindrucksvolle Zeugnisse aus der Vorzeit: z. B. das steinzeit-
liche Dolmengrab **Poskær Stenhus**
in der bewaldeten Moränenland-
schaft **Mols Bjerge** ⭐, deren höchste Erhebung immerhin 137 m misst.

Im Freilichtmuseum Den Gamle By

Auch zwei Renaissanceschlösser lohnen einen Besuch: das Wasserschloss
Rosenholm und **Gammel Estrup** ⭐.
Zur reichen Ausstattung des letz-
ren passt gut das hier eingerichtete
Herrensitzmuseum; in den Wirt-
schaftsgebäuden ist das Dänische
Landwirtschaftsmuseum unterge-
kommen (Randersvej 2, Auning,
www.gammelestrup.dk, Ende März
bis Ende Okt. tgl. 10–17 Uhr, sonst
wechselnde Öffnungszeiten siehe
Website). Kinder zieht es ins **Djurs
Sommerland** bei Nimtofte › **S. 28.**

Ebeltoft 49 [D3]

Ebeltoft (7430 Einw.) bezaubert mit
einer malerischen Altstadt. Schönste Gebäude sind das Alte Rathaus
von 1789 und der Färberhof. Stolz
des Hafens ist die **Fregatte Jylland,**
die 1860 als letzter Holzsegler der
Marine vom Stapel lief. Moderne
Glaskunst zeigt das **Glasmuseum**
(Strandvejen 8, www.glasmuseet.
dk, April–Okt. tgl. 10–17/18, sonst
Mi–So bis 16 Uhr).

Restaurant

Molskroen €€€

Beste Kro-Gastronomie auf Gourmet-
niveau; auch klassisches Badehotel.

- Hovedgaden 16 | Femmøller Strand
  Tel. 86 36 22 00 | www.molskroen.dk

Grenaa 50 [D3]

Direkt am Fährhafen liegt Grenaas
(14 860 Einw.) Attraktion: Das **Kattegatcenter** ⭐ vermittelt ozeani-
sche Erlebnisse und zeigt in diversen Aquarien die Meeresfauna von
Dänemark und tropischen Gewäs-
sern, etwa die 3 m langen Sandtiger-
haie (www.kattegatcentret.dk, tgl.
10–16 Uhr, Jan. Mo geschl.).

Ausflug nach Anholt 51 ⭐ [D2–E2]

Die kleine Insel im Kattegat ist ein
Naturparadies mit Stränden und
Dünenlandschaften sowie Vogel-
und Robbenschutzgebieten. Die
Überfahrt ab Grenaa dauert ca. drei
Stunden (www.anholtfergen.dk).

Info

Anholt Turistbureau

- Gennem Landet 94 | Anholt
  Tel. 86 31 91 33 | www.anholt.dk

Randers 52 [C3]

Im **Kejsergaarden** von Randers
(62 560 Einw.) wird traditionelles
Handwerk demonstriert. Das klot-
zige **Randers Kulturhus** beherbergt
das Kunst- (19./20. Jh.) und Kulturhistorische Museum.

Im **Randers Regnskov** ⭐ kann
man Flora und Fauna der Regen-
wälder erleben, darunter die grüne
Anakonda, die schwerste Schlange
der Welt (Tørvebryggen 11, www.re
gnskoven.dk, tgl. ab 10 Uhr, genaue
Öffnungszeiten siehe Website).

In der Nähe des Kneipenviertels
an der Store Gade ist auf dem Gelände der ehemaligen Thor-Braue-
rei ein schickes Einkaufs- und Büro-
viertel enstanden, das Teile der alten
Industriebauten bewahrt.

Hotel/Restaurant

Hotel Randers €€€

Traditionshotel mitten in der Stadt.

- Torvegade 11 | Randers
  Tel. 86 42 34 22 | www.hotelranders.dk

Viborg 53 [B3]

Die Stadt (40 370 Einw.) war der
nördliche Endpunkt des historischen Heerweges. Hier huldigte die
jütländische Ständeversammlung
den Königen, woran das Monument
mit Margrethe I. und Erik von
Pommern beim Dom erinnert. Der
perfekt »romanische« **Dom** – ein
Nachbau von 1864–1879 – ist das
bekannteste Gebäude der Stadt.
1600 m² füllen die monumentalen
Wand- und Deckengemälde von
Joakim Skovgaard, dem gleich neben dem Dom das **Skovgaard-Muse-
um** im alten Rathaus gewidmet ist.

Hotel

Best Western Palads Hotel €€€

Traditionsreiches Stadthotel.

- Sct. Mathias Gade 5 | Viborg
  Tel. 86 62 37 00 | www.hotelpalads.dk

SPECIAL

Bernstein, Glas & Keramik

Es gibt sie vielleicht nicht wie Sand am Meer, aber zahlreich sind Kunsthandwerker in Dänemark auf jeden Fall. Eine tief verwurzelte Handwerkstradition, weit verbreitete Liebe zu schlichtem, funktionalem Design sowie eine tolerante Gesellschaft, in der künstlerisch kreatives Arbeiten einen hohen Stellenwert besitzt, fördern die bunte und äußerst aktive dänische Kunsthandwerkerszene.

Auf die Finger geschaut

Spannend für Urlauber wird es, wenn sie die Arbeit beobachten dürfen: Wie die Keramikerin mit ihren Händen einem Klumpen Ton Formen abringt, wie die Glaskünstlerin aus einem glühenden Glastropfen am Ende eines Eisenrohres durch sanftes Blasen und Drehen eine filigrane Vase, Schale oder Kaaffe entstehen lässt, wie die Textildesignerin sich über einen langen Färbetisch beugt und den Stoffen für ihre nächste Kollektion ein farbenfrohes Muster aufdruckt, wie die Weberin ein Traummotiv in einen Wandteppich hineinwebt oder wie der Bernsteinschleifer mit vorsichtigem Schleifen und Polieren den Charakter eines seltenen Stückes herausarbeitet.

Bernstein muss schwitzen

Wussten Sie, dass Bernsteinschleifer einen Ofen brauchen? Und warum das so ist, erklärt Ihnen Benni Høyer genauer, der in Mygdal bei Hirtshals seine Werkstatt betreibt. Demonstriert er sein Handwerk, dann erzählt er dabei viel über die rund 30 Mio. Jahre alten Harzklumpen. Unbearbeitet ist Bernstein meist honigfarben und milchig. Spätere

Kreatives Dänemark: Glasbläserkunst

Schmuckstücke werden geschliffen, poliert und müssen dann schwitzen. Bei etwa 200 °C verdampfen mikroskopisch kleine Lufteinschlüsse, erst dabei wird der Bernstein klar, bekommt seinen typischen Glanz und je nach Verweildauer im Ofen die Färbung von hell bis dunkel. Die Hitze lässt zudem in Rissen und Spalten Strukturen entstehen, die Laien oft als Einschlüsse missdeuten. Auf den ersten Blick Fischschuppen ähnlich, scheinen sie zu verschwinden, wenn man den Stein langsam in den Händen dreht.

Zwischen Handwerk und Kunst

Viele Kunsthandwerker töpfern, schnitzen, schleifen und blasen in Serie, was man »brugskunst«, Gebrauchskunst, nennt. Daneben gestalten sie aufwendige Kunstwerke, Unikate, die es so nur einmal gibt. Die Besten finden zunehmend Beachtung in wichtigen Kunstmuseen

wie dem auf Bornholm › S. 147 oder in Spezialmuseen wie dem Keramikmuseum Grimmerhus in Middelfart › S. 92 und dem Glasmuseum in Ebeltoft › S. 133.

- **Askel Krog** [B2]
  Neben Riesenkrügen findet man in Askel Krogs Keramikwerkstatt im westlichen Himmerland auch leichte, transportierbare Schalen, Teller, Vasen etc.
  Vestergårdsvej 48 | Strandby
  Tel. 98 63 61 06
  www.askel-keramik.dk
  Di–So 10–18 Uhr

- **Bente Hammer** [G5]
  Die Textildesignerin blickt von ihrem Atelier auf die Bornholmer Ny Kirke.
  Nyker Hovedgade 32 | Nyker | Rønne
  Tel. 56 96 33 35
  www.bentehammer.dk
  Jan.–Ende März geschl.

- **Rav-Værkstedet** [C1]
  Bernsteinverarbeitung, Schmuck- und Steinverkauf, außerdem Sammlung seltener Stücke.
  Højtvedvej 7 | Mygdal | Hjørring
  Tel. 98 97 52 23
  www.rav-vaerkstedet.dk
  Mo–Fr 10–17 Uhr, Jan. geschl.

- **Glaspusteriet Bülow Duus** [C3]
  Glasbläserei im romantischen Latinerkvarteret › S. 130 von Aarhus.
  Studsgade 14 | Aarhus
  Tel. 86 12 72 86
  www.bulow-duus.dk
  Mo–Fr 11–17.30, Sa bis 15 Uhr

- **Pernille Bülow Glas** [G5]
  Perfekte Glasbläserkunst in einem der schönsten Bornholmer Orte.
  Brænderigænget 8 | Svaneke
  Tel. 56 49 66 72
  www.pernillebulow.dk
  Galerie Mo–Fr 9–17.30, Sa 9–14 Uhr

Ausflüge von Viborg

Mønsted [B3]

Westlich von Viborg kann man die kilometerlangen Stollen der **Kalkgruben** von Daugbjerg und Mønsted besichtigen. Ihre Geschichte reicht zurück bis in die Wikingerzeit. Ein Grubenzug fährt tief in die Höhle und stoppt am Grubenkino (www.monsted-kalkgruber.dk, April–Okt. tgl. 10–17 Uhr; Grubenzug nur Mitte Mai–Mitte Aug.).

Hjerl Hede ⭐ und Sahl [B3]

Noch einmal 20 km weiter breitet sich nahe Vinderup am Ufer des Flynderø das volkskundliche Freilichtmuseum **Hjerl Hede** aus. Es dokumentiert das Landleben vom 16. bis 19. Jh. In der Saison spielen Laiendarsteller die »Bewohner« (www.hjerlhede.dk, Mai–Sept. tgl. 10–16/17.30 Uhr, sonst Einzeltage). In der Kirche des nahegelegenen Dörfchens **Sahl** kann man einen **Altar** ⭐ aus vergoldetem Kupferblech von ca. 1220 bewundern – ein Höhepunkt jütländischer Kirchenkunst.

Energimuseet 54 ⭐ [B3]

Am Stausee **Tange Sø** entstand 1921 Dänemarks größtes Wasserkraftwerk, in dem heute das Energimuseet eingerichtet ist. Hier dreht sich alles um Elektrizität. Zur Ausstellung gehören drei Wohnungen der Jahre 1920, 1935 und 1950. Anhand der Originaleinrichtungen kann man erkennen, wie das Wohnen immer mehr Strom frisst (Bjerringbrovej 44, Bjerringbro, http://energimuseet.dk, Ende März–Ende Okt. tgl. 10–16/17 Uhr).

 Erstklassig

Die spannendsten Märkte

- Der **Loppe & Antik Marked** (Trödel- und Antiquitätenmarkt) in Middelfart › **S. 91** auf Fünen zählt zu den größten des Landes und findet mehrmals im Jahr in den Messehallen der Stadt statt (http://antikogtrend.dk).

- In Kopenhagens neuer Markthalle **Torvehallerne [b2]** am Israels Plads gibt es nicht nur für Fans von Bio-Produkten alles, was das Herz begehrt (Frederiksborggade 21, http://torvehallernekbh.dk, Mo–Fr ab 7, Sa, So ab 8 Uhr).

- Ende Juni findet im südfünischen Svendborg › **S. 95** der große Lebensmittelmarkt **Kulinarisk Sydfyn** statt: für Slow-Food-Liebhaber mit gutem Geschmack (Centrumpladsen 1, http://kulinarisksydfyn.dk, letzter Sa und So im Juni von 10–17 Uhr).

- **Weihnachtsmarkt** und -stimmung im Freilichtmuseum Den Gamle By › **S. 131** sind etwas ganz Besonderes, u. a. mit Weihnachtsdekoration aus dem 17. Jh., einem labyrinthartigen Weihnachtshaus und Geschenkideen aus mehreren Jahrhunderten (www.dengamleby.dk/jul, Mitte Nov.–Ende Dez.).

Fyrkat 55 ⭐ 10 [C3]

Die Wikingerburg Fyrkat am Süd-
westrand von Hobro zählt zum Se-
henswertesten, was Dänemark aus
dieser Epoche zu bieten hat. Ein
mächtiger Ringwall schützte die 16
identischen Langhäuser der Burg,
die etwa um 980 n. Chr. entstanden.
Im nachgebauten **Wikingerdorf** bekommt man einen guten Eindruck
vom Alltagsleben jener Zeit › **Special S. 115**. Von Hobro lohnt sich ein
Abstecher in Dänemarks größtes
Waldgebiet **Rold Skov**. Nach Amerika ausgewanderte Dänen, an die ein
Museum erinnert, stifteten 1910
den Nationalpark **Rebild Bakker**.

Hotel

Rold Storkro €€–€€€
Schön gelegenes Waldhotel mit
Restaurant östlich von Rebild.
• Vælderskoven 13 | 9520 Skørping
   Tel. 98 37 51 00 | www.roldstorkro.dk

Aalborg 56 [C2]

Mit 113 500 Einw. ist Aalborg Dänemarks viertgrößte Stadt. Schon in
der Eisen- und Wikingerzeit gab es
hier am Limfjord eine Siedlung, wie
der Grabplatz **Lindholm Høje** ein-
drucksvoll belegt. Die günstige Lage
machte Aalborg früh zur mächtigen
Handelsstadt und später zum wichtigen Industriestandort.

Jens Bangs
Stenhus Ⓐ ⭐

Der fünfstöckige Stadthaus in der
Østerågade 9 gilt als das schönste
bürgerliche Renaissancegebäude in
Nordeuropa und zeugt vom einstigen Reichtum der Aalborger Kauf-
leute. Fünf prachtvolle Giebel krö-
nen das Backsteingebäude von
1624. Der Legende nach ließ Bauherr Bang seinem Frust, nie Stadtrat
geworden zu sein, freien Lauf: Vom
Südgiebel streckt eine Fratze, die
seine Züge trägt, die Zunge zum
benachbarten, spätbarocken **Rådhus** Ⓑ von 1762 aus.

Skt. Budolfi
Domkirke Ⓒ

In der Nähe ragt der mit einer barocken Spitze versehene Turm der Skt.
Budolfi Domkirke auf. Um 1400
wurde sie auf Resten einer romanischen Kirche erbaut und immer wieder erweitert. Dass der Dom dem
englischen Seefahrer-Heiligen Bo-
tulphus geweiht ist, beweist die guten Beziehungen der Limfjordregi-
on zu England im Mittelalter.

Aalborgs Historiske
Museum Ⓓ

Das historische Museum zeigt u. a.
ein original möbliertes Renaissance-
zimmer von 1602 und eine bedeutende Glassammlung (Algade 48,
Aalborg, April–Nov. Di–So 10 bis
17, bis 23. Dez. Di–Fr bis 18, Sa bis
17, Jan.–März bis 16 Uhr).

Heiliggeistkloster Ⓔ

Den gemütlichen **C.W. Obels Plads**
füllen im Sommer Straßencafés.
Das angrenzende **Heiliggeistkloster**
von 1431 ist eine der ältesten sozia-
len Einrichtungen des Landes (www.
aalborgkloster.dk, Website nur auf
Dänisch, Juni–Aug. Führungen).

Jomfru Ane Gade

Von der Einkaufstraße Bispensgade zweigt die Jomfru Ane Gade ab, Dänemarks »längste Theke«, mit Restaurants, Kneipen und Klubs.

Bars/Kneipen

Klubs wie **Benediktes** (Nr. 3; https://benediktes.com) öffnen spät; Liebhaber irischen Biers gehen ins **O'Learys** (Nr. 6;

https://olearys.dk), Bierschwemmen wie **Zwei Grosse Bierbar** (Nr. 10; http://zweigrosse.dk) verbreiten bajuwarische Atmosphäre, eine gemütliche (Musik-)Kneipe ist das **Giraffen** (Nr. 12).

Jørgen Olufsens Gård

Der Kaufmannshof aus der Renaissance, der sich zum Innenhof als Fachwerkbau und zur Østerågade

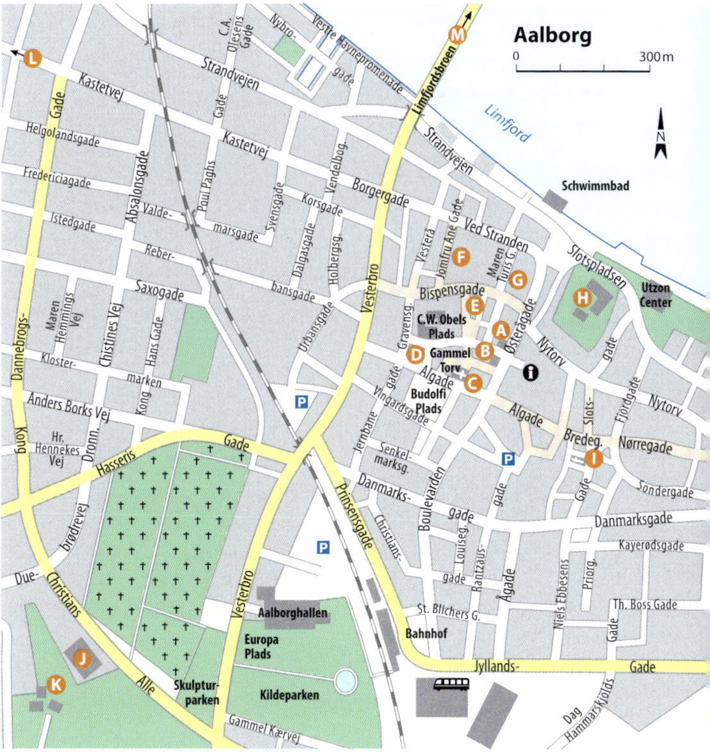

A Jens Bangs Stenhus
B Rådhus
C Skt. Budolfi Domkirke
D Aalborgs Historiske Museum
E Heiliggeistkloster
F Jomfru Ane Gade
G Jørgen Olufsens Gård
H Aalborghus Slot
I Vor Frue Kirke
J Nordjyllands Kunst-museum Kunsten
K Aalborgtårnet
L Springeren – Maritimt Oplevelsescenter
M Lindholm Høje

mit reich verziertem Steingiebel zeigt, zählt zu den schönsten Häusern der Stadt. Das nahe **Schloss Aalborghus** wurde im 16. Jh. als Fachwerkbau errichtet. Nicht weit entfernt ist das spektakuläre **Utzon Center. 50 Dinge** ㉚ › S. 15.

Vor Frue Kirke ❶

Über die lang gezogene Einkaufsstraße Nytorv erreicht man die Frauenkirche. Der ursprünglich romanische Granitquaderbau wurde im 19. Jh. stark verändert. Die Kirche ist umgeben von den fotogensten Gassen der Stadt.

Nordjyllands Kunstmuseum Kunsten ❶ ⭐

Die sehenswerte Sammlung von Kunst des 20. Jhs. mit Schwerpunkt Dänemark ist in einem beeindruckenden Gebäude untergebracht, das u. a. der finnische Architekt Alvar Aalto mitgeplant hat. Im großen Außenbereich steht Bjørn Nørgaards monumentales »Traumschloss« (www.kunsten.dk, Di–So 10–17, Mi bis 21 Uhr).

Auf einem Hügel dahinter ragt der Aussichtsturm **Aalborgtårnet** ❶ (Sdr. Skovvej) 105 m empor. Weiter südlich gelangt man zum großzügig angelegten **Zoo** (www.aalborgzoo.dk, tgl. 10–15 Uhr, Mai–Aug. länger).

Springeren – Maritimt Oplevelsescenter ❶

Das Maritime Erlebniszentrum am Limfjordufer ist ein Muss für Technik- und Seefahrtfans. Die Museumsschiffe, darunter auch ein 54 m

langes U-Boot, kann man betreten (Vestre Fjordvej 81, http://springeren-maritimt.dk, Jan.–April, Sept. bis Dez. tgl. 10–16, Mai, Juni, Aug. bis 17, Juli bis 20 Uhr).

Lindholm Høje ❶ ⭐

Am Rand der Nachbarstadt Nørresundby liegt Nordeuropas größtes Gräberfeld aus der späten Eisen- und der Wikingerzeit. 682 Gräber sind auf dem Hügel nachgewiesen, ca. 150 davon Steinsetzungen in Schiffsform, außerdem Hausfundamente und ein versteinerter Acker. Die Anlage wurde etwa 1050 unter einer Sanddüne be- und 900 Jahre später wieder ausgegraben. Auf dem Gelände gibt es auch ein Museum (Vendilavej 11, Nørresundby, Freigelände tagsüber zugänglich; Museum: April–Okt. Di–So 10–17, sonst bis 16 Uhr).

Info
Turistbureau
- Kjellerups Torv 5, niveau 13
  Aalborg | Tel. 99 31 75 00
  www.visitaalborg.com

Unterkunft
Quality Hotel Scheelsminde €€€
Angenehmes größeres Haus.
- Scheelsmindevej 35 | Aalborg
  Tel. 98 18 32 33
  www.scheelsminde.dk

Prinsen Hotel €€
Solides Hotel in zentraler Lage.
- Prinsengade 14–16
  Aalborg
  Tel. 98 13 37 33
  www.prinsenhotel.dk

Steinsetzungen in Schiffsform auf der Lindholm Høje

Danhostel Aalborg €–€€
Familienzimmer und Camping.
• Skydebanevej 50 | Aalborg
  Tel. 98 11 60 44
  www.danhostelaalborg.dk

Restaurants
Prinses Juliana €€€
❗ Erlesene Fischspezialitäten auf einem
ehemaligen holländischen Schulschiff.
• Vestre Havnepromenade 1 | Aalborg
  Tel. 98 11 55 66
  www.prinsesjuliana.dk
  Mo–Fr ab 11.30, Sa ab 11 Uhr

Provence €€
Hier verwöhnt man die Gäste mit fran-
zösisch inspirierter Küche, die auf dänische Meeresprodukte setzt.
• Ved Stranden 11 | Aalborg
  Tel. 98 13 51 33
  www.restaurant-provence.dk
  Mo–Fr ab 11, Sa, So ab 10 Uhr

Shopping
Aalborg ist die Stadt der Kümmel-
schnäpse, die seit 1931 in der Stadt
hergestellt werden. Zu den berühmtes-

ten gehört der Aalborg **Taffel Akvavit**
und der **Jubilæums Akvavit**, die eis-
gekühlt aus stilvollen Gläsern getrunken
werden. **50 Dinge** ㊱ › S. 16. Typische
Akvavit-Gläser und weitere Mitbringsel
findet man rund um den Nytorv z. B. im
Kaufhaus **Salling**, bei **Imerco** (Nytorv
15) oder **Søstrene Grene** (Nytorv 1).

Schloss Voergaard 57 [C1]

Um 1520 als Liebesnest eines Bi-
schofs erbaut, wurde Schloss Voergaard in der Reformationszeit 1536
vom König beschlagnahmt und später gegen ein anderes Herrschaftshaus eingetauscht. Voergaard ist
voller hochklassiger Kunstwerke,
die vom letzten Besitzer, Graf Oberbech-Clausen, gesammelt wurden.
Unter den Gemälden sind Werke
von Rubens, Raffael oder Goya. Der
Zutritt zum Park mit den breiten
Wallgräben ist frei (Voergaard 6,
Dronninglund, www.voergaardslot.
dk, Mitte Juni–Ende Aug. tgl. 11 bis

16, Ende April–Mitte Juni, Anfang Sept.–Ende Okt. Sa, So 11–16 Uhr).

Hotel

Dronninglund Slot €€

Einst Kloster, heute eine ❗ Hotelperle.

• Slotsgade 8 | Dronninglund
Tel. 98 84 33 00
www.dronninglund-slot.dk

Sæby 58 [C1]

Sæby (8840 Einw.) hat sich viel Altstadtidyll bewahrt. Gotische Kalkmalereien schmücken **Skt. Mariæ kirke,** einziges Überbleibsel eines Karmeliterklosters von 1470.

Frederikshavn 59 [C1]

Südlich der Ålbæk-Bucht mit ihren schönen Stränden liegt die Hafenstadt Frederikshavn (23 500 Einw.). Der 1974 komplett um 270 m verschobene **Krudttårnet** (Pulverturm; militärhistorisches Museum) und das Viertel **Fiskerlyngen** stammen aus der Zeit vor 1818, als der Ort eine bedeutende Festung war. Größter Haudegen war der Seeheld Peter Wessel (1690–1720). Im großen Nordischen Krieg (1712–1717) besiegte er schwedische Verbände.

Bangsbo Museum

Hauptattraktion des 3 km nördlich gelegenen Museums sind die Überreste des **Ellingå-Schiffs,** einem Handelsschiff der Wikinger. Eine Ausstellung informiert über den dänischen Widerstand gegen die deutsche Besatzung 1940–45 (Margrethes Vej 6, www.bangsbo.com,

Mai–Okt. Mo–Fr 10–16, Juni–Aug. auch Sa, So 11–16, Nov., Dez. Mo bis Fr 10–15 Uhr).

Info

Turistbureau

• Skandiatorv 1 | Frederikshavn
Tel. 98 43 32 66
www.visitfrederikshavn.dk

Hotel

Scandic The Reef €€€

Gut ausgestattetes Hotel mit Restaurant und tropischer Badelandschaft.

• Tordenskjoldsgade 14 | Frederikshavn
Tel. 98 43 32 33
www.scandichotels.dk

Camping

Nordstrand Camping

Luxusplatz; Hütten- und Wohnwagen.

• Apholmenvej 40 | Frederikshavn
Tel. 98 42 93 50
www.nordstrand-camping.dk

Ausflug nach Læsø 60 ⭐ [D1]

Der Küste Nordjütlands vorgelagert ist die Kattegatinsel Læsø (10 122 ha; 1800 Einw.). **50 Dinge** ㉛ › **S. 16.** Ihr Wald wurde einst als Brennmaterial für die Salzsiederei abgeholzt. Daran erinnert eine nachgebaute Siederei. Inseltypisch sind Häuser mit Seetangdächern wie beim **Heimatmuseum Byrum.** Die Sandbänke und Feuchtwiesen im Süden sind großartige Vogelparadiese. Tgl. Fährverkehr (90 Min.; www.laesoe-line.dk).

Kirche in Svaneke auf Bornholm

BORNHOLM

Kleine Inspiration

- **Bornholms berühmte Rundkirchen besichtigen** › S. 144
- **Wandern** rund um den Granitfelsen Hammeren › S. 147
- **Die Bonbonfabrik besuchen** in Svaneke und anschließend das köstliche Svaneke Is probieren › S. 147
- **Durch den Skulpturengarten spazieren** des Bornholmer Kunstmuseums › S. 147
- **Einen Bootsausflug unternehmen** zu den Erbseninseln › S. 147
- **Die Dünenlandschaft von Dueodde genießen** an der Südküste › S. 147

Die Insel liegt zwar weit entfernt vom dänischen Kernland. Doch mit hübschen kleinen Orten, schönen Küsten und alten Rundkirchen findet man hier ein idealtypisches Bild dänischer Gemütlichkeit.

Nykirke – die Rundkirche von Nyker

Wer nach Bornholm reist, reist nicht nach Dänemark. Politisch gehört das Eiland vor der Küste zwar zum dänischen Königreich, was die Landschaft und das Klima betrifft, unterscheidet es sich jedoch sehr vom Mutterland. Als einzige Felseninsel Dänemarks ist Bornholm so etwas wie »Klein-Schweden« im Dänenreich. Oder doch »Klein-Italien«? Denn das Wetter ist, bedingt durch den Einfluss kontinentaler Großwetterlagen, deutlich besser als im Rest des Landes. Sowohl was die Durchschnittstemperatur angeht, als auch bei den Sonnenstunden liegt Bornholm vorn. Das Meer verändert aber den Ablauf der Jahreszeiten; so kommt der Frühling, Bornholms schönste Jahreszeit, spät und ist kurz und intensiv, dafür bleibt der Sommer länger. Noch eine angenehme Seite Bornholms: Alles liegt nah beieinander, die maximale Entfernung beträgt nur 44 km.

Die vielfältige Natur, die kulturgeschichtlichen Denkmäler, die bunten Städtchen und Dörfer, dazu die ganze Palette von Ferienvergnügen und Aktivitäten machen die Ostseeinsel (58 791 ha; 39 700 Einw.) als Reiseziel populär. In der Hochsaison ist die vorherige Reservierung einer Unterkunft dringend angeraten!

SEITENBLICK

Rundkirchen ★

Wahrzeichen der Insel sind die vier Rundkirchen aus den frühen Tagen der Christianisierung. Die größte ist die **Østerlarskirke** nahe Gudhjem. Im mächtigen Mittelpfeiler hat eine Taufkapelle Platz. Die exponierte, auf einer 112 m hohen Anhöhe gelegene **Olskirke** dient auch als Seezeichen. Ohne äußere Stützpfeiler kommt die **Nylarskirke** östlich von Rønne aus. Für viele ist sie die schönste Rundkirche der Insel. Ein Stockwerk kleiner als die anderen ist die **Nykirke** von Nyker nördlich von Rønne. Der Ursprung der Rundkirchen liegt im Dunkeln, wahrscheinlich entstanden sie im 12./13. Jh. als Wehrkirchen.

Tour in der Region

 **Rund um Bornholm**

Route: Rønne › Hammershus › Hammeren › Gudhjem › Svaneke › Dueodde › Nylars › Rønne

Karte: siehe Seite 146
Dauer: 1 Tag
Praktische Hinweise:

- Die Inselrundfahrt lässt sich mit dem Auto an einem Tag bewältigen.
- Die Tour ist aber auch gut fürs Fahrrad geeignet. Trainierten Radlern genügt ebenfalls ein langer Sommertag zur Umrundung Bornholms. Wer die Sehenswürdigkeiten allerdings ausführlich besichtigen will, sollte zwei bis vier Tage einplanen.
- Zur Übernachtung während der Rundfahrt ist man meist auf Hotels und Pensionen angewiesen. Die zahlreichen Ferienhäuser Bornholms werden in der Regel nur wochenweise vermietet.

Tour-Start:

Die Fahrt, die weitgehend dem Küstenverlauf folgt, führt zu den größten Sehenswürdigkeiten der Insel. Von der Inselhauptstadt **Rønne 1** › S. 146 gelangt man über die Festungsruine **Hammershus 2** › S. 146 nach Hammeren, dem nördlichsten Punkt der Insel. Entlang der spektakulären Steilküste im Nordosten geht es weiter nach **Gudhjem 3**

› S. 147, der zweitgrößten Stadt Bornholms. Dieser Ort bietet sich bei einer mehrtägigen Rundfahrt für eine Übernachtung an. Weiter an der Küste entlang erreicht man das malerische Örtchen **Svaneke 4** › S. 147 mit einem hübschen Hafen. Hier haben sich einige Kunsthandwerker niedergelassen, die schöne Souvenirs verkaufen, und auch ein kurzer Stopp in der örtlichen Glasbläserei lohnt. Der nächste Ort **Dueodde 5** › S. 147 ist zugleich der südlichste Punkt der Insel. Wegen des herrlichen Sandstrands ballen sich hier die Ferienhäuser. An der Küste entlang kommt man über Nylars mit seiner bekannten Rundkirche › S. 144 zurück nach Rønne.

Info

Bornholms Velkomstcenter
Info-Büros gibt es auch in Allinge, Gudhjem, Hasle, Neksø-Dueodde, Svaneke und Åkirkeby.

- Nordre Kystvej 3 | Rønne
  Tel. 56 95 95 00
  www.bornholminfo.dk

Verkehrsmittel

- **Flughafen:** bei Rønne; bis 9-mal tgl. ab/bis Kopenhagen (Flugzeit 35 Min.; www.bornholmairport.dk).
- **Fährverbindungen:** Rønne erreicht man mit Fähren direkt ab Sassnitz auf Rügen, Świnoujście (Polen) und ab Ystad (Südschweden). Von Køge (Seeland) nach Rønne dauert es (nachts) 5½ Std. (www.faergen.de, www.bornholmslinjen.de).

Unterwegs auf Bornholm

Rønne 1 [G5]

Bornholms größte Stadt (12730 Einw.) strahlt mit Kopfsteinpflastergassen und Fachwerkhäusern viel Geruhsamkeit aus. Bei einem Bummel durch die Altstadt glaubt man sich in frühere Jahrhunderte zurückversetzt. Die Gebäude in Rønne sind jedoch meist jüngeren Datums – ein sowjetischer Luftangriff zerstörte im Zweiten Weltkrieg 200 Häuser. **50 Dinge** ④ › **S. 12**.

Sehenswert sind die **Skt. Nicolai Kirke** aus dem 13. Jh. und das **Bornholm Museum** ★. Dessen größter Schatz sind die Goldgubber (ca. 6. Jh.), gestanzte Goldplättchen, die wohl germanische Opfergaben waren (Sct. Mortensgade 29, http://bornholmsmuseum.dk, Mo–Sa 11 bis 15/16, Mitte Mai–Mitte Okt. Mo–Fr 10–17 Uhr, Juli, Aug. tgl.).

Hotel/Restaurant

Radisson Blu Fredensborg Hotel €€€
Modernes Hotel mit einem der besten Restaurants der Insel.
• Strandvejen 116 | Rønne
  Tel. 56 90 44 44
  www.bornholmhotels.dk

Hammershus 2 ★ [G5]

In der Nähe von Allinge an der zerklüfteten Nordküste ragt die malerische Festungsruine Hammershus auf, die größte mittelalterliche Burgruine Nordeuropas. Im 13. Jh. auf Veranlassung des Erzbischofs von Lund erbaut, diente sie nach der Eroberung durch die Schweden im

Tour auf Bornholm

Tour ⑫
Rund um Bornholm
Rønne › Hammershus › Hammeren › Gudhjem › Svaneke › Dueodde › Nylars › Rønne

17. Jh. als Gefängnis. Der Burg vorgelagert liegt der karg bewachsene Granithorst **Hammeren** ⭐. Eine Wanderung um den Felsen beginnt bei Hammerhavn und führt an der Naturbrücke von Kælderhals vorbei nach Kragkås und zur Ruine der Salomonskapelle, dann zum Leuchtturm Hammerodde. Auf dem Rückweg passiert man den Opalsee. Die Wanderung dauert zwei Stunden.

Dünen bei Dueodde

Hotel

Friheden €€€
Gute Hotelanlage in Strandnähe.
• Tejnvej 80 | Allinge-Sandkås
Tel. 56 48 04 25
www.hotel-friheden.dk

Gudhjem ③ [G5]

Über der spektakulären Steilküste **Helligdommen** bei Rø thront in strahlendem Weiß **Bornholms Kunstmuseum** ⑫. Der imposante Bau beherbergt auf 4000 m² eine Sammlung Bornholmer Künstler v. a. des 18.–20. Jhs. (Otto Bruuns Plads 1, www.bornholms-kunstmuseum.dk, April–Okt. Di–So 10–17 Uhr, Juni bis Aug. tgl., sonst nur Do–So und teils kürzer).

Ein Publikumsmagnet ist auch **Bornholms Middelaltercenter** zwischen Gudhjem und Østerlars.

Hotel/Restaurant

Melsted Badehotel €
Gepflegtes ❗ Badehotel am Meer mit exzellentem Restaurant.
• Melstedvej 27 | Gudhjem
Tel. 56 48 51 00
www.melsted-badehotel.dk

Ausflug nach Ertholmene [G5]

20 km vor der Nordostküste Bornholms liegt die Schärengruppe der »Erbseninseln« um Christiansø. Die Seefestung wurde 1855 aufgegeben und kaum verändert (Fähren: www.christiansoefarten.dk).

Svaneke ④ ⭐ [G5]

Im Ort haben sich Kunsthandwerker (Glasbläserei) und eine Galerie niedergelassen. In der Bonbonfabrik am Markt kann man zusehen, wie Süßigkeiten hergestellt werden. Köstliches Sahneeis gibt es bei Svaneke Is (Svaneke Torv 3, www.svaneke-is.dk). **50 Dinge** ⑰ › S. 14.

Dueodde ⑤ [G6]

Der ❗ 25 km lange Sandstrand macht den Inselsüden zum beliebtesten Ziel für Badegäste. Schön ist der Vogel- und Schmetterlingspark von **Nexø** (www.sommerfuglparken.dk, Mai–Sept. tgl. 10–17 Uhr).

EXTRA-TOUREN

Zwei Wochen durch Jütland

Route: **Tønder** › **Ribe** › **Esbjerg** › **Thisted** › **Skagen** › **Aalborg** › **Aarhus** ›
Silkeborg › **Velje** › **Kolding** › **Haderslev** › **Kruså**

Karte: Klappe hinten

Distanzen: **Tønder** › **Ribe** › **Esbjerg** 75 km über Landstraße; **Esbjerg** › **Thisted**
200 km entlang der Küste in 4 Std.; **Thisted** › **Skagen** 175 km auf Landstraßen
in 2½ Std.; **Skagen** › **Aalborg** 100 km in 1½ Std.; **Aalborg** › **Randers** › **Aarhus**
120 km auf der Autobahn; **Aarhus** › **Silkeborg** › **Horsens** › **Vejle** 110 km in gut
1½ Std.; **Vejle** › **Kolding** › **Haderslev** › **Kruså** › **deutsche Grenze** 120 km in
2 Std. über schöne Landstraßen oder 1 Std. auf der Autobahn

Verkehrsmittel:

Auf den gut ausgebauten Straßen Jütlands ist das Auto das Verkehrsmittel der
Wahl. Außerhalb der Städte fließt der Verkehr meist ruhig dahin, da die Überland-
straßen aber oft mitten durch Dörfer und Städte führen, erreicht man keine hohen
Durchschnittsgeschwindigkeiten. Am Samstag, wenn in den Ferienhäusern Wech-
seltag ist, sind die Straßen in der Urlaubszeit voller Touristen.

Diese Tour folgt zunächst Dänemarks Nordseeküste von der Grenze zu
Deutschland bis zur Nordspitze Jütlands. Gleich zum Einstieg laden zwei
schöne Städte zum Verweilen ein, das beschauliche **Tønder** › S. 108 und das
mittelalterliche **Ribe** › S. 110. Viele lebhaftere Hafenorte folgen, darunter **Hvide Sande** › S. 113, **Thyborøn** › S. 117 und **Hirtshals** › S. 120, bis die Landzunge
Grenen bei **Skagen** › S. 121 erreicht ist. Dazwischen führt die Tour über eindrucksvolle Dünennehrungen am Ringkøbing und Nissum Fjord, an imposanten Steilküsten wie Bovbjerg Klint, Bulbjerg und **Rubjerg Knude** › S. 120
vorbei und zur gewaltigen Wanderdüne **Råbjerg Mile** › S. 120. Auch Kultur
und Geschichte kommen nicht zu kurz: Höhepunkte sind der Dom von
Ribe, das Strandungsmuseum in **Thorsminde** › S. 114 und das Skagens Museum › S. 121 mit den Hauptwerken der berühmten Skagen-Maler.

Von Skagen geht es an der Ostseeküste mit ihren kinderfreundlichen
Stränden zurück zur deutsch-dänischen Grenze nach **Kruså** › S. 122 bei
Flensburg – inklusive mehrerer Abstecher auf Nebenstraßen. Malerische
lange Fjorde und sanfte Meeresbuchten reichen von der Ostsee ins Land
hinein. An ihnen liegen interessante Städte wie **Aalborg** › S. 138, **Aarhus**
› S. 129, **Horsens** › S. 127, **Kolding** › S. 124 oder **Haderslev** › S. 123 mit einem
vielseitigen Kulturangebot. Als Ziele für Abstecher oder auch für einen längeren Urlaub bieten sich die Inseln **Læsø** › S. 142 oder **Samsø** › S. 127 an.

Standbild von Absalon von Lund am Højbro Plads in Kopenhagen

Kopenhagen und Seeland in einer Woche

Route: Kopenhagen › Helsingør › Kalundborg › Naestved › Køge › Roskilde › Kopenhagen

Karte: Klappe hinten

Distanzen: Kopenhagen › Helsingør 50 km auf schöner Küstenstraße; **Helsingør › Gilleleje › Hundested** 60 km Landstraße in 1½ Std.; **Hundested › Rørvig** ½ Std. mit der Autofähre; **Rørvig › Kalundborg** 60 km Landstraße in 1 Std.; **Kalundborg › Slagelse › Naestved** 70 km Landstraße in 1 Std.; **Naestved › Store Heddinge › Køge** 75 km in 1½ Std. auf kleinen Straßen; **Køge › Roskilde › Kopenhagen** ca. 45 Min.

Verkehrsmittel:

Auch auf Seeland ist man mit dem Auto am flexibelsten. Zwischen Hundested und Rørvig verkehrt die Autofähre über den Isefjord in der Hochsaison von 6–21 Uhr im Stundentakt (Tel. 47 93 71 50, www.hundested-roervig.dk).

Die meisten Orte lassen sich aber auch per Zug leicht erreichen, und die Busverbindungen sind ausgezeichnet (Infos zu Zügen und Bussen: www.dsb.dk und www.rejseplanen.dk).

Die Rundfahrt führt zunächst von Kopenhagen die Küste entlang nach Norden in Richtung Helsingør – eine an Kilometern kurze Strecke, die aber so viel bietet, dass man sich mehr als einen Tag Zeit lassen sollte. Danmarks Akvarium in Charlottenlund, der Vergnügungspark **Bakken** › S. 71, das **Karen-Blixen-Museum** in Rungsted Kyst › S. 72 und das **Kunstmuseum Louisiana** › S. 72 sind nur einige Sehenswürdigkeiten, die auf dem Weg nach **Helsingør** › S. 73 einen Besuch mehr als lohnen. In Helsingør angekommen, ist vor allem das »Hamletschloss« Kronborg sehenswert. Aber auch die historische Altstadt und einige der Museen gehören mit zum Besten, was Dänemark zu bieten hat.

Dann geht es weiter an Seelands Nordküste nach **Hundestedt** › S. 75, wo der Isefjord überquert wird. In **Kalundborg** › S. 76 bietet sich ein Besuch der Vor Frue Kirke an, **Næstved** › S. 79, das Einkaufsmekka Seelands, und **Køge** › S. 81 bezaubern mit ihren alten Stadtkernen.

Vor allem aber sollte man sich für **Roskilde** › S. 76 genug Zeit nehmen. Neben dem Wikingerschiffsmuseum zählt der Dom – seit dem 15. Jh. Grablege der dänischen Könige und UNESCO-Weltkulturerbe – zu den größten Sehenswürdigkeiten des Landes.

Krönender Abschluss der Tour ist ein mehrtägiger Aufenthalt in der Hauptstadt **Kopenhagen** › S. 50.

Shakespeares Hamlet spielt auf Schloss Kronborg in Helsingør

Quer durch Dänemark auf den Spuren von H. C. Andersen

Route: Odense › Korsør › Slagelse › Helsingør › Kopenhagen

Karte: Klappe hinten

Distanzen: Odense › **Slagelse** 45 Min. auf der Autobahn; **Korsør** › **Slagelse** 10 Min.; **Slagelse** › **Helsingør** in 2 Std. über 140 km Landstraße; **Helsingør** › **Kopenhagen** 1 Std. Landstraße

Verkehrsmittel:
Wer sich bei dieser Tour auf den Besuch der Städte beschränken will, in denen H. C. Andersen gelebt hat, kann die Fahrt auch gut mit dem Zug (www.dsb.dk) durchführen. Dann sollte man allerdings Kopenhagen vor Helsingør besuchen.

Diese Tour bringt Fans des berühmten Märchendichters Hans Christian Andersen zu den Orten seines Wirkens. In **Odense** › S. 88 kann man nicht nur sein Geburtshaus besichtigen, sondern auch den Ort, in dem er seine Jugend verbracht hat. Von hier geht es nach Seeland, mit einem Zwischenstopp in **Korsør** › S. 79. Im ehemaligen Hotel Storebælt (Amerikakajen 1) war der Dichter oft zu Gast. In **Slagelse** › S. 78 ging er von 1822–1826 zur Schule, bevor er für die nächsten zwei Jahre auf die Lateinschule nach **Helsingør** › S. 73 wechselte. Das einstige Schulgebäude ist in der Kongensgade 12 zu finden. Die Reise endet in **Kopenhagen** › S. 50. Hier verbrachte Andersen einen Großteil seines Lebens, woran verschiedene Wohnorte, aber auch die Statue vor dem Rathaus erinnern. Eine seiner populärsten Märchenfiguren, die kleine Meerjungfrau, wurde sogar zum Wahrzeichen der Stadt. Der 1875 verstorbene Dichter liegt auf dem Assistens Kirkegård begraben.

Infos von A–Z

Ärztliche Versorgung

Die ärztliche Versorgung entspricht mitteleuropäischem Standard. Es empfiehlt sich jedoch, vorher bei der eigenen Krankenkasse die Bedingungen für die Kostenübernahme zu erfragen. Faustregel: EU-Bürger und Schweizer erhalten gegen Vorlage der Europäischen Krankenversicherungskarte (EHIC) kostenlose ärztliche Hilfe im gleichen Umfang wie gesetzlich versicherte Dänen. Man muss deshalb mit hoher Eigenbeteiligung bei Zahnbehandlungen und einigen Medikamenten rechnen, sodass es ratsam ist, eine Auslandskrankenversicherung abzuschließen.

Barrierefreies Reisen

Die meisten öffentlichen Bauten und Verkehrsmittel sind auf Menschen mit Behinderungen vorbereitet. Nützliche Informationen bietet die Homepage von VisitDenmark (visitdenmark.com). Die Webseite der Dachorganisation dänischer Behindertenverbände ist teilweise in Englisch: www.handicap.dk

Diplomatische Vertretungen

In Notfällen kann man sich an die Botschaften seines Heimatlandes wenden:
- **Deutsche Botschaft**
  Stockholmsgade 57,
  2100 Kopenhagen Ø,
  Tel. 35 45 99 00,
  www.kopenhagen.diplo.de
- **Österreichische Botschaft**
  Sølundsvej 1,
  2100 Kopenhagen Ø,
  Tel. 39 29 41 41,
  www.bmeia.gv.at/oeb-kopenhagen
- **Schweizerische Botschaft**
  Richelieus Allé 14, 2900 Hellerup,
  Tel. 33 14 17 96,
  www.eda.admin.ch/copenhagen

Einreise

Trotz Dänemarks Beitritt zum Schengener Abkommen werden unregelmäßig Grenzkontrollen durchgeführt. Urlauber aus Deutschland, Österreich und der Schweiz müssen einen noch mindestens drei Monate gültigen Ausweis bei sich haben. Autofahrern reicht der nationale Führerschein.

Elektrizität

Das 220-V-Netz funktioniert mit den in Mitteleuropa üblichen Steckern.

Feiertage

1. Januar (Neujahr), Gründonnerstag, Karfreitag, Ostermontag, Buß- und Bettag, Christi Himmelfahrt, Pfingstmontag, 5. Juni (Verfassungstag, halber Arbeitstag, Banken ganztags geschlossen), 24., 25. Dezember (Weihnachten), 26. Dezember (Stefanstag).

Staatlich festgelegt ist der Start der Sommerferien. Diese beginnen immer am letzten Samstag im Juni und enden in der Regel Anfang August. Die Herbstferien liegen normalerweise in der 42. Woche, die Winterferien in der Regel im Februar in Woche 7 oder 8.

FKK

Das Nacktbaden ist offiziell auf wenige Strandabschnitte beschränkt, wird aber an weit mehr Plätzen geduldet: Achten Sie auf örtliche Gepflogenheiten!

Geld

Dänemark hat bislang nicht den Euro eingeführt, die Landeswährung Dänische Krone (DKK) ist allerdings eng an den Euro gebunden. Bargeld wird in Banken und (wenigen) Wechselstuben (gegen Gebühr) getauscht. Kreditkarten und Reiseschecks können vielerorts verwendet werden, auch Geldautomaten sind landesweit vorhanden. Devisenbeschränkungen gibt es nicht.

Die dänische Währung unterteilt sich in Krone und Øre. Dabei ist 1 Krone = 100 Øre. Münzen gibt es im Wert von 20, 10, 5, 2 und 1 Krone sowie 50 Øre. Banknoten gibt es in den Größen 1000, 500, 200, 100 und 50 Kronen.

Wechselkurs (Stand Februar 2018): 1 € = 7,44 DKK; 1 CHF = 6,45 DKK; 10 DKK = 1,34 €/1,55 CHF

Geschäftszeiten

Das dänische Ladenschlussgesetz ist liberal, die genannten Zeiten sind Richtwerte: Die Geschäfte sind Mo–Fr von 9–17.30 oder 20 Uhr geöffnet, auf dem Land ist häufig von 12–14 Uhr Mittagspause. Donnerstag und Freitag bleiben die Läden bis 19 oder 20 Uhr auf. Samstags ist meist zwischen 12 und 14 oder 16 Uhr Geschäftsschluss.

Haustiere

Führt man einen Hund oder eine Katze aus einem EU-Land nach Dänemark ein, muss das Tier durch einen Chip identifizierbar sein. Darüber hinaus wird ein EU-Heimtierausweis verlangt, der auch in der Schweiz ausgestellt wird. Eine Impfung bzw. Nachimpfung gegen Tollwut muss darin bescheinigt sein. Diese Impfung muss zwingend nach dem Einsetzen des Chips und mind. drei Wochen vor der Einreise vorgenommen worden sein.

Für die meisten anderen Tiere benötigt man eine Einfuhrerlaubnis des Veterinærfond S/I (Stationsparken 31–33, 2600 Glostrup). Infos auf Englisch: www.foedevarestyrelsen.dk/english

Informationen

• **VisitDenmark:** Glockengießerwall 2, 20095 Hamburg, Tel. 01805/ 32 64 63 (14 Cent/Minute Festnetz, max. 42 Cent/Minute Mobil), www.visitdenmark.de. Das Büro ist zuständig für Anfragen aus Deutschland, Österreich und der Schweiz. Lokale Infobüros gibt es in größeren Orten und allen Urlaubsgebieten.

Internet

Internet ist in Dänemark fast eine Selbstverständlichkeit: In den meisten Hotels gibt es WLAN-Spots, und auch ein Internetcafé ist in der Regel schnell gefunden.

Mehrwertsteuererstattung

Die Erstattung der Mehrwertsteuer ist zurzeit für Schweizer noch möglich. Läden mit dem Schildchen »Tax Free For Tourists/Europe Tax-free-Shopping« im Fenster bieten einen formlosen Erstattungsweg (Auszahlung erfolgt bei der Ausreise). Über Details informieren die Geschäfte.

Naturschauspiel in Nordjütland: die Wanderdüne Råbjerg Mile

Notruf

Alle Dienste: Tel. 112 (gebührenfrei)

Post

Das Porto für Postkarten und Standard-briefe bis 250 Gramm in alle Länder Nord- und Westeuropas beträgt zurzeit 25 DKK.

Telefon / Handy

Die **Münz- und Kartentelefone** der TeleDanmark sind zahlreich, meist auch mit deutschsprachigen Bedienungsan-leitungen. In Telefonzellen kann man sich auch anrufen lassen. Günstiger te-lefoniert man mit Calling Cards anderer Gesellschaften, z.B. Global One, die es an Kiosken oder Post-Shops gibt; die Einwahl funktioniert aber bei privaten Münzgeräten (Clubtelefone, zum Bei-spiel von Campingplätzen oder Freizeit-parks) zum Teil nicht.

Europäische **Handys** funktionieren auch im dänischen Mobilfunknetz. Prepaidkarten sind in Dänemark preis-wert, und wer damit umzugehen weiß, spart eine Menge.

Die **Inlandsrufnummern** haben in Dänemark einheitlich acht Ziffern ohne Vorwahlen; internationale Vorwahlen:
• nach Deutschland: 00 49
• nach Österreich: 00 43
• in die Schweiz: 00 41
• nach Dänemark: 00 45

Trinkgeld

Hotel- und Restaurantrechnungen schließen Bedienungsgeld mit ein. Tra-ditionell wird in ganz Skandinavien kein Trinkgeld gegeben, allmählich passt man sich aber auch dort den mitteleu-ropäischen Gepflogenheiten an.

Verkehrsregeln

Auf den meisten dänischen Autobah-nen gilt ein **Tempolimit** von 130 km/h; um Kopenhagen und andere größere Städte sind aber nur 110 km/h erlaubt. Außerorts ist die Geschwindigkeitsbe-grenzung 80 km/h, innerorts 50 km/h; Lkw und Pkw mit Anhänger (zum Bei-spiel Campingwagen oder Boot-Trailer) dürfen höchstens 100 km/h fahren. Geschwindigkeitsüberschreitungen wer-den mit hohen Bußgeldern bestraft. Bereits 20 km/h zu viel kosten etwa 135 Euro.

Fahrlicht ist ganztags Pflicht. An Autobahnauffahrten wird in der Regel im Reißverschlussverfahren eingefah-ren. Weiße Dreiecke auf der Fahrbahn vor Kreuzungen bedeuten »Vorfahrt gewähren«.

Parkgebühren werden in ganz Ko-penhagen erhoben; Gebühren je nach Zone und Uhrzeit (Infos auf Dänisch unter: www.parkeringsinfo.dk).

Zoll

Urlauber aus den EU-Ländern können alle Dinge und Waren für den persön-lichen Gebrauch unbeschränkt einfüh-ren, auch hochprozentigen Alkohol und Tabak. Ausführen dürfen EU-Bürger Waren aus Dänemark uneingeschränkt für den Eigenbedarf, Schweizer bis zu einem Gesamtwert von 300 CHF.

Wichtig für Silvester-Urlauber: Die Einfuhr von Feuerwerkskörpern nach Dänemark ist strikt verboten.

Urlaubskasse	
Tasse Kaffee	2,50 €
Softdrink	3 €
Glas Bier (0,4 l)	5,50 €
Pølser (Hotdog)	3,50 €
Kugel Eis	1,50 €
Hauptgericht	18–20 €
Taxifahrt (Kurzstrecke, ca. 10 km, je nach Ort	18 €
Mietwagen/Tag	ab 40 €

Register

A alborg 15, **138**
Agersø 79
Agger Tange 103
Als 122
Andersen, H.C. 16,
  88–89, 151
Anholt 134
Architektur 41
Aarhus 129
ARKEN Museum für
  Moderne Kunst 81
Assens 92
Ærø 93

B ahn 25
Bakken 71
Bang & Olufsen 117
Barock 41
Bernstein 135
Blåvands Huk 112
Blokhus 119
Bornholm 143
Borreby, Schloss 79
Botschaften 152
Bovbjerg 114

C hristiansfeld 14
Christiansø 147
CoBrA-Künstlergruppe 43

D anfoss Universe 122
Den Gamle By 131
Djursland 133
Dronningenstol 82
Dueodde 147
Dybbøl 122

E beltoft 133
Egeskov, Schloss 96
Egtved 125
Enebærodde 98
Energimuseet 137
Ertholmene 147
Esbjerg 14, **111**

F aaborg 92
Faldsled 92
Falster 68
Fanø 112
Feiertage 152
Feste 44
Film 43
Fredensborg, Schloss 73
Fredericia 124
Frederiksborg, Schloss 72
Frederikshavn 142
Fünen 86
Fur 118
Fyns Hoved 98
Fyrkat 138

G ammel Estrup,
  Schloss 133
Gedser 83
Gilleleje 12, 15, 74
Gräber 41
Gråsten, Schloss 122
Grenaa 134
Grenen 121
Gudhjem 147

H aderslev 123
Hammershus 146
Hanstholm 119
Helsingør 73
Herning 114
Himmelbjerg 129
Hindsholm 98
Hirtshals 120
Hjemsted Oldtidspark 109
Hjerl Hede 137
Højby 75
Højer 108
Højerup, Kirche 81
Holstebro 117
Hornbæk 74
Horsens 127
Hundested 75
Hvide Sande 12, **113**

J acobsen, Arne 42
Jammerbugt 119
Jelling 126
Jorn, Asger 43, **129**
Jütland 99

K alundborg 76
Karen-Blixen-Museum 72
Kerteminde 15, **97**
Klitmøller 13, **119**
Knuthenborg Safari-
  Park 84
Køge 81
Kolding 15, **124**
Kongens Lyngby 71
Kopenhagen 50
 • Amagertorv 58
 • Amalienborg, Schloss 59
 • Arbeitermuseum 61
 • Assistens Kirkegård 62
 • Børsen 56
 • Carlsberg-Brauerei 63
 • Christiania 57
 • Christiansborg,
  Schloss 53
 • Christianshavn 56
 • Dansk Arkitektur
  Centre 57
 • Frederiksbergs
  Have 63
 • Frihedsmuseet 60
 • Hafenpromenade 59
 • Hauptbahnhof 52
 • Hirschsprungsche
  Sammlung 62
 • Jüdisches Museum 56
 • Kleine Meerjungfrau
  19, **60**
 • Københavns Museum 63
 • Kongens Nytorv 58
 • Königliche Bibliothek 56
 • Kunstindustrie-
  museum 59
 • Marmorkirche 59

- Nationalmuseum 53
- Nørrebro 62
- Ny Carlsberg Glyptotek 53
- Nyhavn 59
- Oper 57
- Planetarium 63
- Royal Copenhagen 58
- Rathaus 52
- Rosenborg, Schloss 62
- Runde Tårn 61
- Slotsholmen 53
- Statens Museum for Kunst 62
- Strøget 58
- Thorvaldsen Museum 56
- Tivoli 52
- Tøjhus 56
- Vor Frelsers Kirke 57
- Vor Frue Kirke 61
- Zoo 63
Korsør 79
Kronborg, Schloss 73
Kruså 122
Kunst 42, 72, 105
Kunsthandwerk 135

Ladby 98
Læsø 16, **142**
Langeland 96
Legoland 125
Lejre 77
Lindeskov 97
Lindholm Høje 140
Literatur 43
Løgumkloster 108
Løkken 119
Lolland 68
Louisiana, Museum 72

Margrethe II. 39
Mårhøj 98
Maribo 84
Marielyst 83
Marselisborg, Schloss 132
Middelfart , 91
Møgeltønder 108

Møn 82
Møns Klint 82
Mønsted 137
Mors 118

Næstved 79
Nakskov 84
Nexø 147
Nielsen, Carl 89
Nordby 128
Nørgaard, Bjørn 53, 81, 127, 140
Nørre Vorupør 119
Notruf 154
Nyborg 97
Nykøbing Falster 83
Nysted 84

Odense 16, **88**
Odsherred 12, **75**
Omø 79
Ørnereservatet 120

Råbjerg Mile 13, **120**
Randers 134
Rebild Bakker 138
Renaissance 41
Ribe 110
Ringkøbing 113
Ringsted 78
Rold Skov 138
Rømø 109
Rønne 12, 13, **146**
Rosenholm, Schloss 133
Roskilde 45, **76**
Rubjerg Knude 120
Rudkøbing 96
Rungstedlund 72

Sæby 142
Sahl 137
Samsø 127
Schackenborg, Schloss 108
Seeland 68
Silkeborg 13, **128**
Skælskør 79

Skagen 13, 15, **121**
Slagelse 78
Smørrebrod 46
Sommerland-Parks 27
Sønderborg 122
Søndervig 113
Sophienholm 71
Sorgenfri, Schloss 71
Sorø 78
Spøttrup, Burg 118
Sprache 37
Stavns Fjord 128
Stevns Klint 15, **81**
Storebelt-Brücke 94
Struer 117
Stubbekøbing 83
Svaneke 147
Svendborg 95

Tåsinge 95
Thorsminde 114
Thy 118
Thyborøn 117
Tisvildeleje 75
Tollundmann 129
Tønder 108
Tørskind Grusgrav 125
Tranekær (Slot) 15, **96**
Trelleborg 78
Trundholm 76

Unfallhilfe 26
Utzon, Jørn 15, **42**, 111, 140

Valdemars Slot 95
Vejle 124
Vestervig 118
Viborg 134
Vissenbjerg 91
Voergaard, Schloss 141
Vordingborg 81

Wattenmeer 110
Wikinger 115

Ydby Hede 11

Bildnachweis

Coverfoto: Strand in Rytsebæk, Insel Møn © Lookphotos/Roetting+Pollex
Fotos Umschlagrückseite: © Huber Images/Gräfenhain (links); Shutterstock/Rikard Stadler (Mitte); Fotolia/herby64 (rechts)

Huber Images/Gräfenhain: U2-1, 6/7, 8-2, 34/35, 58, 67, 85, 99, 111, 114, 119, 125, 128, 133, 151; Huber Images/Kaos: 53; Huber Images/Gisela Motta: 116; Huber Images/Reinhard Schmid: 22, 47, 48/49, 143; Huber Images/Giovanni Simeone: 56, 60, 141; Huber Images/Spiegelhalter: 100; laif/Hemis.fr/Walter Bibikow: 15; laif/Dorothea Schmid: U2-4; Lookphotos/Quadriga Images: 50; mauritius images/imageBROKER/Kim Petersen: 115; mauritius images/Photononstop/Denis Debadier: 76; Axel Pinck: 8-1, 9-1, 9-2, 10; Shutterstock/Leonid Andronov: 148; Shutterstock/AMzPhoto: 37; Shutterstock/Andrei Azanfirei: 113; Shutterstock/Kim Christensen: 123; Shutterstock/javarman: 20/21; Shutterstock/Philip Lange: 14; Shutterstock/marekusz: 105; Shutterstock/Milosz Maslanka; U2-2; Shutterstock/Igor Plotnikov: 25; Shutterstock/S-F: 59; Visitdenmark.com: 17, 42, 62; Visitdenmark.com/Reiner Büchtmann: 79; Visitdenmark.com/Ted Fahn: 80; Visitdenmark.com/Noam Griegst: 135; Visitdenmark.com/Udo Haafke: 109; Visitdenmark.com/Ditte Isager: 43; Visitdenmark.com/Niklas Jessen: 31; Visitdenmark.com/ Lennard: 89; Visitdenmark.com/Poul Anker Nielsen: 27; Visitdenmark.com/Thomas Nykrog: 29, 104; Visitdenmark.com/Radisson Blu: 65; Visitdenmark.com/Christian Petersen: 44; Visitdenmark.com/Cees van Roeden: U2-3, 93, 97, 98, 121, 126, 136, 147; Visitdenmark.com/John Sommer: 28, 33, 73, 82, 95; Visitdenmark.com/Henrik Stenberg: 40; Visitdenmark.com/Niels Thye: 74, 153; visitdenmark.com/Ukendt: 144; Visitdenmark.com/Kim Wyon: 13.

Liebe Leserin, lieber Leser,
wir freuen uns, dass Sie sich für diesen POLYGLOTT on tour entschieden haben.
Unsere Autorinnen und Autoren sind für Sie unterwegs und recherchieren sehr gründlich,
damit Sie mit aktuellen und zuverlässigen Informationen auf Reisen gehen können.
Dennoch lassen sich Fehler nie ganz ausschließen. Wir bitten Sie um Verständnis, dass der
Verlag dafür keine Haftung übernehmen kann.

Ihre Meinung ist uns wichtig. Bitte schreiben Sie uns:
GRÄFE UND UNZER VERLAG
Postfach 86 03 66, 81630 München, Tel. 0 89 / 419 819 41
www.polyglott.de

LESERSERVICE
polyglott@graefe-und-unzer.de
Tel. 0 800 / 72 37 33 33 (gebührenfrei in D, A, CH), Mo–Do 9–17 Uhr, Fr 9–16 Uhr

1. aktualisierte Auflage 2018

© 2018 GRÄFE UND UNZER VERLAG
GmbH, München
Dieses Buch wurde auf chlorfrei gebleichtem
Papier gedruckt.
ISBN 978-3-8464-0317-4

Alle Rechte vorbehalten. Nachdruck, auch
auszugsweise, sowie die Verbreitung durch
Film, Funk, Fernsehen und Internet, durch
fotomechanische Wiedergabe, Tonträger und
Datenverarbeitungssysteme jeglicher Art nur
mit schriftlicher Genehmigung des Verlages.

**Bei Interesse an maßgeschneiderten
B2B-Editionen:**
gabriella.hoffmann@graefe-und-unzer.de

Bei Interesse an Anzeigen:
KV Kommunalverlag GmbH & Co KG
Tel. 089/928 09 60
info@kommunal-verlag.de

Redaktionsleitung: Grit Müller
Verlagsredaktion: Anne-Katrin Scheiter
Autor: Axel Pinck, Rasso Knoller,
Lennart Hansson
Redaktion: Karen Dengler
Bildredaktion: Ulrich Reißer und
Nafsika Mylona
Mini-Dolmetscher: Langenscheidt
Layoutkonzept/Titeldesign:
fpm factor product münchen
Karten und Pläne: Theiss Heidolph
und Kunth Verlag GmbH & Co. KG
Satz: Tim Schulz, Mainz
Herstellung: Anna Bäumner
Druck und Bindung:
Printer Trento, Italien

PEFC/18-31-506

GRÄFE
UND
UNZER

Ein Unternehmen der
GANSKE VERLAGSGRUPPE

Mini-Dolmetscher Dänisch

Allgemeines

Guten Morgen.	God morgen. [go·**mohrn**]
Guten Tag.	Goddag. [go**däh**]
Guten Abend.	God aften. [go‿**afdn**]
Hallo!	Hej! [haj]
Wie geht's?	Hvordan går det? [wor**dän** gohr‿de]
Danke, gut.	Tak, meget godt. [tag, maj**ə** godd]
Ich heiße ...	Jeg hedder ... [jaj **heð**ər]
Auf Wiedersehen!	Farvel! [far**well**]
Morgen	morgen [mohrn]
Nachmittag	eftermiddag [**efd**ərmeddä]
Abend	aften [**afd**n]
Nacht	nat [nädd]
morgen	i morgen [i‿**mohrn**]
heute	i dag [i‿**däh**]
gestern	i går [i‿**gohr**]
Sprechen Sie Deutsch / Englisch?	Taler du tysk / engelsk? [**tähl**ər du tüssg / **eng**elssg]
Wie bitte?	Hvad siger du? [wä **ß**ihər du]
Ich verstehe nicht.	Det forstår jeg ikke. [de for**stohr** jaj eggə]
Würden Sie es bitte wiederholen?	Vil du godt gentage det? [will du **godd genn**täh de]
Bitte sehr!	Værsgo! [**wär**sgoh]
danke	tak [tag]
Keine Ursache.	det var så lidt [de wahr ßo **lidd**]
was / wer / welcher	hvad / hvem / hvilken [wä / wemm / **wilk**ən]
wo / wohin	hvor / hvorhen [wor / wor**henn**]
wie / wie viel	hvordan / hvor meget [wor**dän** / wor‿**maj**əð]
wann / wie lange	hvornår / hvor længe [wor**nohr** / wor **läng**ə]
Wie heißt das?	Hvad hedder det? [wä **heð**ər de]
Wo ist ...?	Hvor er ...? [wor er]
Können Sie mir helfen?	Kan du hjælpe mig? [kä‿du **jä**lbe maj]
ja	ja [jä]
nein	nej [naj]
Entschuldigen Sie.	Undskyld. [on**ß**güll]
Das macht nichts.	Det gør ikke noget. [de **göhr** eggə noh·əð]

Shopping

Wo kann ich ... bekommen?	Hvor kan jeg få ...? [wor kä‿jaj **foh**]
Wie viel kostet das?	Hvor meget koster det? [wor **maj**ə ko**ß**dər de]
Wo ist eine Bank?	Hvor er der en bank? [**wor** er dər en **bank**]
Ich möchte Geld wechseln.	Jeg vil gerne veksle valuta. [jaj wil **gern**ə **weß**lə wä**ludd**ä]
Geben Sie mir 100 g Käse / zwei Kilo Tomaten, bitte.	Hundrede gram ost / to kilo tomater, tak. [**honr**ədə gramm oßd / **tu** kilo to**mäh**dər, tag]
Haben Sie deutsche Zeitungen?	Har du tyske aviser? [hahr du **tüss**gə a**wih**ßər]
Wo kann ich telefonieren / eine Telefonkarte kaufen?	Hvor kan jeg telefonere / købe et telefonkort? [wor kä‿jaj telə**fohn**ehrə / **köhb**ə ed telə**fohn**kord]

Essen und Trinken

Die Speisekarte, bitte.	Kan jeg se spisekortet, tak? [kä‿jaj‿ß**eh** spih**ß**əkorded, tag]
Brot	brød [bröhð]
Kaffee	kaffe [**kaff**ə]
Tee	te [teh]
mit Milch / Zucker	med sukker / mælk [me‿**ß**oggər / mälg]
Orangensaft	appelsinjuice [abbelß**ihn**djuhs]
Suppe	suppe [**ß**obbə]
Fisch	fisk [fessg]
Schalentiere	skaldyr [**skähl**dühr]
Fleisch	kød [köhð]
Geflügel	fjerkræ [**fjer**kräh]
Kartoffeln	kartofler [kar**tofl**ər]
Gemüse	grønsager [**grönn**ßähər]
Salat	salat [ßä**lähd**]
vegetarische Gerichte	vegetariske retter [wegə**tah**resge **redd**ər]
Eier	æg [ägg]
dän. Hotdog (mit Gurken und Röstzwiebeln)	pølse (med agurker og ristede løg) [**pölß**ə með **ä**gurgər o **rest**əðə loj]
Dessert	efterrett [**efd**ərdredd]
Obst	frugter [**frogd**ər]
Eis	is [ihs]
Weiß- / Rot- / Roséwein	hvid- / rød- / rosévin [wið- / röð- / ro**ß**ehwihn]
Faßbier	fadøl [**fäd**öl]
Wasser	vand [wänn]
Mineralwasser	dansk vand [dänsk wänn]
Limonade	læskedrik [**lässk**ədrikk]